L’utopie d’une Provence éternelle

L’œuvre des Martin

MUSÉE GASSENDI

FAGE éditions

Bernard Plossu, octobre 2003
Un visiteur face au tableau
d'Étienne Martin, *Le Courrier,*
dans la salle des paysages
du musée Gassendi de Digne.

SOMMAIRE

L'ŒUVRE DIFFICILE DES MARTIN

Nadine Gomez-Passamar
Conservateur du musée Gassendi, Digne

Sans l'endurance et l'obstination de Paul Martin et de son fils Étienne, le musée que nous connaissons n'aurait pas même vu le jour. En 1996, alors que se préparait l'important chantier de restructuration qui, sept ans plus tard, devait permettre l'ouverture de l'actuel musée Gassendi, s'est dessiné, très naturellement, le projet d'un hommage aux Martin.
Dans un contexte historique extrêmement difficile, marqué par la traversée de deux guerres mondiales et, localement, par l'indifférence récurrente des pouvoirs publics, le père et le fils assurent la continuité de l'institution de 1885 (acte de naissance du musée) à 1945 (mort d'Étienne). Les carrières artistiques des deux hommes sont distinctes ; toutefois leur action au sein du musée a valeur d'œuvre commune.
La double dimension de leur engagement – comme peintres et comme fondateurs, puis conservateurs – révèle même des personnalités bien différentes, indissociables des époques contrastées qu'elles traversent.

Paul Martin (1830-1903)

C'est à ce marchand d'art que l'on doit le projet d'un musée à Digne. En effet, s'il n'est pas le premier à évoquer cette idée, c'est bien lui qui s'attelle véritablement à la tâche, avec l'aide de l'ingénieur Louis Daime, dont le rôle fut déterminant. Certes, dès 1815, on mentionne un projet de musée à Digne, mais ce n'est qu'en 1884, à l'occasion d'une réunion de la Société Scientifique et Littéraire des Basses-Alpes, que se constitue la commission chargée d'étudier la création d'une telle institution.
L'année suivante, cette commission exécutive présidée par Paul Martin se met au travail. Rapidement, ce dernier rassemble une quarantaine de tableaux et d'aquarelles ; de son côté, Louis Daime réunit des collections de fossiles, de coquillages, de papillons et d'insectes. Les deux amis mobilisent leurs relations, agissent en véritables mécènes, offrant œuvres, collections et argent. Le 24 septembre 1889, ils peuvent déjà ouvrir « trois salles basses, mal éclairées, dans l'ancienne gendarmerie[1]».
Leur effort est important, et il s'agit d'une initiative entièrement privée. Du reste, malgré leurs demandes répétées de mise à disposition de locaux plus spacieux, permettant une meilleure exposition des collections du nouveau « musée des Basses-Alpes », les pouvoirs publics restent sourds. L'immobilisme s'installe jusqu'en 1903, date à laquelle la municipalité dignoise fait l'acquisition de l'ancien hospice. Cette même année, Paul Martin décède.
Avec sa mort et le départ de Louis Daime, c'est la première idée du musée qui s'éteint. Elle était née d'une grande complicité et du souhait, commun aux deux amis, d'associer sans hiérarchie la pratique des sciences et celle des arts. Les écrits et la correspondance de Paul témoignent de cette

1. Étienne Martin, "Le musée de Digne", Académie des sciences, lettres et Beaux-Arts de Marseille. 1913.

démarche naturaliste, que l'on peut même dire chez lui « botaniste ». On en retrouve l'esprit dans ses aquarelles où, représentant les paysages bas-alpins, il s'attache à traduire les qualités singulières de la végétation et des terres de la Haute-Provence.
La création du musée et les premières collections constituées attestent un même attachement indéfectible au Pays dignois. Frédéric Mistral, en lequel Paul Martin a trouvé un maître, crée en Arles son museon arlaten, qui ouvre ses portes en 1896. L'écrivain confie avoir organisé son musée comme un grand livre ouvert sur un autrefois devenu mythique et quelque peu idéalisé. De son côté, Paul tire parti de sa propre expérience de marchand : maintes fois, dans son négoce marseillais, il a su organiser des accrochages éclectiques.

Étienne Martin (1856-1945)

Paul Martin meurt le 16 septembre 1903 ; un mois et demi plus tard, le 25 octobre – c'est-à-dire 14 ans après la création officielle du musée –, la municipalité de Digne concède l'ancien hospice et les salles attenantes qu'elle vient d'acquérir. Étienne Martin écrit : « Dans ces conditions, ai-je besoin de le dire, mon devoir était tout tracé ; j'avais la dure charge de remplacer mon père. Je crois l'avoir fait avec tout mon respect filial[2]. »
En 1907, suite à une décision du conseil municipal du 16 juin 1904, la ville de Digne achète toute l'aile de l'ancien hôpital, séparée du reste du bâtiment par la rue dénommée « Descente de l'hôpital ». Étienne Martin demande que des travaux importants soient entrepris sur l'édifice et avance même les fonds nécessaires à ceux-ci. Le 17 novembre 1909, le musée, désormais installé dans ses locaux, ouvre ses portes au public. Étienne, qui évoque ses « modestes efforts au musée de Digne », souligne : « Je n'ai pourtant fait là que continuer l'œuvre ébauchée par mon père et c'est donc autant par devoir filial que par amour pour Digne, mon cher pays adoptif, que j'ai réalisé cette création[3].»
Divers événements vont marquer la vie du musée, dont le statut enfin va se stabiliser, s'agissant des collections notamment. Le 3 janvier 1912, une commission visant à placer le musée en conformité avec la loi du 30 septembre 1906 offre à la ville de Digne toutes les œuvres d'art, collections d'histoire naturelle et d'archéologie, bibelots et autres objets déposés dans le local municipal de l'ancien hospice. Étienne Martin réclame le remboursement des sommes qu'il a avancées pour financer les travaux. Le musée quitte la sphère privée.
La figure d'Étienne Martin est largement dominée par l'image de l'« artiste-conservateur » héritée de son père, qu'il renforce singulièrement en exposant ses propres œuvres dans le musée : « Il faut avant tout prêcher d'exemple, assure-t-il ; j'ai dû accrocher de-ci de-là dix-huit grands tableaux de moi[4]. » Le musée constitue pour lui un instrument susceptible de l'aider dans son immense besoin de reconnaissance, sa quête inlassable des honneurs.

2. *Ibid.*
3. Étienne Martin au Préfet des Basses-Alpes, lettre manuscrite du 7 novembre 1909. Archives départementales.
4 Étienne Martin, *op. cit.*, p 14.

Cependant, l'institution qu'il dirige est aussi la cause de bien des blessures. De nombreux courriers témoignent des problèmes financiers qu'Étienne Martin rencontre dans sa mission. Ceux-ci affectent gravement la gestion du musée. Les sommes allouées par la ville sont à peine suffisantes pour « les appointements du concierge, les trois nettoyeuses du lundi, les trois gardiens du dimanche », confie-t-il dans une lettre du 14 octobre 1930. Souvent, ne pouvant faire face aux frais de transport et d'emballage, il est tout bonnement obligé de refuser les dons qui lui sont proposés (courriers des 5 mai 1917 et 15 mai 1938). Le 21 janvier 1927, il écrit au maire : « J'ai l'honneur et le grand regret de vous remettre ma démission de conservateur du musée de Digne. Je souhaite simplement que vous trouviez chez mon successeur le même désintéressement et, j'ose le dire, les mêmes connaissances que chez moi. » Le 14 avril suivant, à la suite d'une lettre du maire, qu'il qualifie de « pressante » et de « flatteuse », il expose certaines des raisons qui l'ont conduit à annoncer une telle décision : il est vieux et ne se sent plus guère utile. De surcroît, sa situation financière après la guerre est telle qu'il ne peut plus prendre à sa charge ses frais de séjour à Digne. Le 21 mai 1927, il décide pourtant de demeurer au service de la ville. En août, il remercie le maire – qui préside la commission administrative du musée – de son action auprès du préfet. Bientôt nommé à l'Ordre national de la Légion d'Honneur, Étienne Martin mentionne « la suprême distinction [qu'il] vient d'obtenir au titre de conservateur du musée de Digne ». Sa réconciliation avec l'élu est pourtant de courte durée. Une lettre manuscrite du 20 septembre 1930 – reproduite ci-contre – sonne comme une ultime supplique.
Malgré ces difficultés endémiques, Étienne Martin n'abandonnera jamais le musée. Son fils Pierre lui-même sera à son tour tenté d'apporter sa contribution au projet familial. Quand Étienne décède, en 1945, Pierre sollicite auprès de la mairie de Digne l'honneur d'exposer la dépouille paternelle dans la grande salle du bâtiment.

Actuellement, lorsque le public pénètre dans le musée de Digne, il visite par nombre d'aspects *L'Œuvre des Martin*. C'est à cette œuvre que Bernard Plossu rend hommage à sa manière, un jour d'octobre 2003, dans une émouvante photographie **(p. 2)**. Les collections actuelles reflètent plus la pensée de Paul que la démarche d'Étienne, qui avait voulu faire du musée un lieu hors du temps. Ultime refuge imaginé par un homme voyant son univers basculer. Paul l'autodidacte était un esprit libre. Réfractaire aux études et aux emplois administratifs auxquels sa famille voulait le destiner, il prit le risque d'exposer des artistes inconnus, confrontant leurs réalisations avec celles de créateurs confirmés. Cette inventivité est des plus stimulantes lorsqu'on souhaite agir au sein d'un musée réinventé, dont les accrochages, indifférents aux cloisonnements disciplinaires comme aux lectures historicistes, reflètent les collections dignoises d'hier et la création internationale d'aujourd'hui.

« Cher Monsieur le Maire,

Suivant votre aimable promesse et après la lettre si pressante que je vous avais adressée il y a une quinzaine de jours, j'espérais que vous me feriez l'honneur de venir visiter le Musée en ma compagnie. Hélas, il n'en a rien été et je vous ai attendu en vain !!!
J'en ai été déçu, peiné, froissé même, mais non surpris car vous représentez Digne, qui est dans son ensemble la ville la plus antiartistique que je connaisse. Vrai ! elle ne mérite pas le ravissant musée que je lui ai créé et il faut être bête comme je le suis moi-même pour avoir sacrifié à cette œuvre, tant de temps et tant d'argent !! Oui, je ne connais que deux personnes plus bêtes que moi ! D'abord mon bon Père qui a fondé ce Musée, ensuite mon fils qui parle de me succéder ? Pour mon père, je n'y puis plus rien, puisqu'il est mort ; mais quant à mon fils, je me charge de l'en dissuader.[...]
Lorsque je me plains à mes intimes du peu d'empressement du public dignois, on me fait toujours valoir des raisons péremptoires. Un dimanche il y a la kermesse des scouts ; le dimanche suivant c'est le cirque Rancy ; un autre jour la fête à Marcoux ou à Gaubert ; puis les courses d'Oraison. En résumé, il y a du monde partout... Sauf au Musée. Et d'ailleurs sur qui puis-je compter ?... Sur les fonctionnaires ? non, car nul ne leur a appris le chemin du musée ; en quarante ans, j'ai vu se succéder une quinzaine de Préfets, aucun n'est venu au Musée. Le clan des instituteurs ne bouge pas, le clergé non plus. Les soi-disant intellectuels, docteurs, avocats, magistrats, professeurs, journalistes ne viennent pas davantage. La jeunesse stupide ne vit que pour le tennis, le dancing, de sports, de vélos, de motos, d'autos ; et quant à la masse elle continue à s'abrutir durant de longues heures sur la terrasse d'un sale café, en face d'un ignoble « pastis »...
Vous le voyez, cher Monsieur le Maire, à part quelques louables exceptions, le Musée n'intéresse personne. Ah, si j'organisais un concours de boules, une bataille de confetti, un assaut de boxe, vous verriez la foule accourir. Aux passages du « tour de France » ou du « circuit du Byrrh » (quel terme stupide !) toute la population est sur pied. Si ce crétin de Maurice Chevalier venait faire le pantin ici, on paierait cent francs la place et on se battrait à la porte de votre théâtre. Mais venir voir des œuvres d'art ? Allons donc !! L'art a passé de mode !! J'ai horreur de mon époque !!! [...] Toutefois ne craignez rien pour l'avenir du musée.
Je l'aime comme un de mes enfants et je continuerai à le servir jusqu'à mon dernier souffle. »

Étienne Martin [20 septembre 1930]

ÉTIENNE MARTIN, L'UTOPIE D'UNE PROVENCE ÉTERNELLE, FIGÉE DANS SES TRADITIONS

Jean-Roger Soubiran
Professeur d'Histoire de l'Art contemporain à l'Université de Poitiers

D'ordinaire, le nom d'Étienne Martin évoque le célèbre sculpteur contemporain, non le peintre provençal qui fut aussi l'un des premiers conservateurs du Musée de Digne. De cet artiste mal connu mais non moins singulier, personnage aux multiples facettes, peintre, musicien, écrivain, essayiste, critique d'art, président d'institutions culturelles…, il va être longuement question ici. Après l'oubli et l'indifférence, voici venu le temps des hommages, de l'étude scientifique, et celui de la reconnaissance officielle à travers une rétrospective qui consacre cette œuvre double, de l'artiste et du conservateur. Les deux rôles, en effet, s'entrelacent, et si cette production est souvent recyclage de réminiscences, le conservateur finira par absorber le peintre en son entier. Derrière l'œuvre en apparence limpide et facile – de simples vues de la Provence comme cette génération en a produit en abondance – se cache un être complexe et inquiet révélé par la multitude des essais ou communications académiques publiés entre 1903 et 1939.

C'est une opportunité et un phénomène rare dans la création provençale de cette période où la plupart des archives personnelles des artistes ont disparu, de trouver, en marge de l'œuvre, plusieurs centaines de pages dans lesquelles l'homme nous livre ses souvenirs, ses impressions, ses réflexions et ses aspirations. À ces sources précieuses pour l'histoire des mentalités, il sera fait de larges emprunts. Avec celles de la presse contemporaine, ces citations émailleront notre propos afin de restituer le climat de la Provence au début du XXe siècle, éclairant cette personnalité sous un jour inédit, et contribuant à esquisser ce qu'il faut bien appeler un cas Étienne Martin ; ce qui donne à l'œuvre tout son relief, c'est la dimension du personnage maîtrisant les principaux rouages des institutions artistiques régionales et l'inattendu d'une telle recherche est dans cet enseignement sur son temps, dans ce témoignage sur la sensibilité régionale de la Belle Époque dominée par le Félibrige.

Aussi, pour démêler cette complexité, abandonnerons-nous les conventions monographiques pour embrasser une problématique plus vaste. Après avoir abordé la période formatrice placée sous le signe de l'impossible « meurtre du père », on envisagera le rôle historique d'Étienne Martin, son engagement d'homme public à la tête des forces conservatrices provençales. Ces clés nous permettront de mieux cerner l'éclectisme de son art, reflet d'une identité qui se cherche et de sa thématique fondée sur la nostalgie et l'évasion.

I. À LA DÉCOUVERTE D'ÉTIENNE MARTIN

Le culte du père

Paul Martin

Si l'on se réfère à un manuscrit qu'Étienne Martin intitule "Résumé de ma vie[1]", la première mention de son activité picturale apparaît sous la forme d'une compétition révélatrice : « été 1868, mon Père fait à Digne 100 études d'après nature, moi 50. » L'artiste en herbe qui, déjà enfant avait troqué ses jouets contre les pinceaux paternels dans un désir d'imitation légitime, est alors âgé de douze ans. C'est le début du difficile apprentissage de l'aquarelle, technique dans laquelle son père, Paul Martin, vient de s'imposer par ses envois au Salon de Paris. En 1863, Deriège, enthousiaste, décrit ses « miniatures », concluant : « Mais quelle patience il faut avoir pour les fouiller ainsi avec la pointe d'un blaireau![2] » Le même critique déclare l'année suivante : « Quand M. Paul Martin veut peindre une aquarelle, voici, croyons-nous, de quelle manière il s'y prend. Son papier vélin donne une certaine nuance de blanc, et sur cette première valeur, il établit par des touches aussi légères que possible ses premiers plans, ses perspectives intermédiaires et ses fonds de manière à vous représenter un site quelconque de la Provence. Il n'a pas employé dans ce travail plus de couleurs qu'il n'en tiendrait dans la moitié d'une coquille de noisette, et il vous fait voir un chemin qui serpente à travers une lande stérile, ça et là des frênes que le soleil a bronzé, [...] puis un rideau d'arbres, et, derrière ce rideau, des montagnes crayeuses battues et sillonnées par les orages. Les deux croquis de M. Martin sont lumineux ; ils ont de l'étendue, de la puissance, et un certain aspect de terre calcinée qui éblouit les yeux [...]. L'aquarelle qu'il pratique est à proprement parler une pochade en miniature[3]. » Chesneau remarque à son tour ses paysages « aux lumières vives et spirituellement égratignées[4] », tandis que le grand Thoré considère l'artiste « presque aussi fin que Bonington[5] ». Celui que Paul Brès nomme « l'inventeur de cette jolie nature des Basses-Alpes » initie son fils aux subtilités du métier.

De l'exemple paternel, Étienne Martin retiendra le détail précis, les lumières claires, la communion avec le terroir. Il poursuivra cet inventaire des environs de Digne saisis selon les variations de l'atmosphère, des heures du jour et des saisons, l'enrichissant par l'évocation des travaux des champs. Il transposera les principes acquis dans la peinture à l'huile, conservant la minutie de l'écriture, la clarté généralisée, et les tons délavés. Ce fils unique élevé dans l'amour des ancêtres et le culte des traditions étudiées ou narrées en patois dignois par le félibre Paul Martin, devenu président de la Société scientifique et littéraire des Basses-Alpes, éprouvera une certaine difficulté à conquérir son autonomie, à s'affranchir de la tutelle paternelle affectueuse, mais omniprésente.

1. Cahier rédigé en janvier 1939, Musée de Digne.
2. Félix Deriège, "Salon de 1863 (2e article) – les dessins, les miniatures, les émaux", *Le Siècle*, 23 juin 1863, p. 1.
3. Félix Deriège, "Salon de 1864 – les dessins, les éventails, les émaux", *Le Siècle*, 22 juin 1864, p. 1.
4. Ernest Chesneau, "Salon de 1864 (3e article)", *Le Constitutionnel*, 24 mai 1864, p. 3.
5. Théophile Thoré, *Salons de W. Burger*, Paris, Jules Renouard, 1870, (Salon de 1864), p. 123.

1. Étienne Martin
Chênes à Gaubert
1888
Collection particulière

2. Étienne Martin
Gaubert
1887
Musée Gassendi, Digne

3. Étienne Martin
Gaubert
1888
Musée Gassendi, Digne

Son milieu traditionaliste ne prédispose guère l'adolescent à la révolte. La soumission à la loi étouffe toute velléité d'indépendance. Un exemple nous est donné lorsque, sous la pression parentale, Étienne Martin se voit contraint de participer à une soirée mondaine qui tourne au malaise[6]. Le jeune homme qui se fiance en 1877 patientera jusqu'à l'âge de trente ans pour épouser à Sidi-Bel-Abbès, « après neuf années d'attentes et de tourments[7] », Magdeleine Esmiol, couturière et dernière rosière de Digne, à laquelle Paul Martin aurait préféré un plus brillant parti. D'autre part, la personnalité charismatique du père, son ascension sociale, le prestige de sa fortune et de ses collections, l'éclat de ses relations, la renommée de son œuvre recherchée aux États-Unis, les charges honorifiques auxquelles il accède, ne pouvaient manquer d'éblouir le jeune Étienne, lui assignant un rôle d'éternel second dans cette dynastie spontanément promue.

Issu d'un milieu modeste, Paul Martin doit à son acharnement et à son talent, la place qu'il occupe sur l'avant-scène culturelle provençale. Professeur de goût du patriciat local, il constitue au cours des années 1860-1880, la plupart des grandes collections marseillaises qui se fournissent – aux dires de Charles-Roux[8] – pour « plusieurs millions de tableaux » dans son magasin d'antiquités et sa galerie de la rue Saint-Ferréol. Éminence grise du Cercle artistique, il abandonne aux présidents Mélas ou Charles-Roux les honneurs des vernissages, mais c'est lui qui, dans l'ombre, sollicite peintres et collectionneurs, rassemblant leurs œuvres sur les cimaises. À cette activité s'ajoute celle de critique d'art : le livret qu'il rédige à l'occasion de la célèbre exposition de 1882 témoigne d'une grande compétence : précision de l'écriture, finesse des analyses, sens de la formule, richesse des références, de sorte que certains passages sont encore publiés in extenso aujourd'hui dans les catalogues de musées.

On entrevoit les trésors de pédagogie transmis à Étienne. Si Paul Martin s'est fait tout seul, Étienne doit presque tout à son père : l'éveil de sa sensibilité artistique, sa formation, son goût délicat. Son père l'introduit, à peine sorti de l'enfance, dans le monde des adultes du Cercle artistique où se mêlent peintres, poètes, musiciens et conférenciers, ce qui stimulera sa polyvalence : à douze ans, il participe à sa fondation. Ce contexte pèsera lourdement, conditionnant son choix de la peinture à un moment d'hésitation, alors que sa vocation le portait vers la musique. Ainsi, le père sera le modèle par excellence, parangon insurpassable cantonnant sa peinture dans un art de répétition et de tradition.

Il peut être instructif de comparer le cas d'Étienne Martin à celui de Gustav-Adolf Mossa, un autre artiste provençal, également marqué par la personnalité écrasante d'un père artiste, initiateur et organisateur culturel avec lequel est entretenu un rapport fusionnel similaire. Devant la difficulté à s'affirmer, Gustav-Adolf Mossa se constitue une identité autre, chargée de masquer le vécu insupportable d'aliénation de soi. Son

6. Étienne Martin, "Le quadrille des lanciers", *Anecdotes d'un Paysagiste*, Digne, Chaspoul, 1934, p. 40-43.
7. Étienne Martin, "Vie d'Étienne Martin", notes manuscrites du 15 mars 1943, p. 2, Musée de Digne.
8. Jules Charles-Roux, *Souvenirs du passé*, le Cercle artistique de Marseille, Lyon, Rey, 1906, p. 241.

narcissisme protecteur le pousse à développer une création marginale – son symbolisme décadent – située aux antipodes de la tradition académique paternelle. L'identification à l'altérité devient l'outil de sa libération et construit sa personnalité. Le succès de cette sublimation se vérifie lorsque le père, transmetteur des codes et de la norme, Alexis Mossa, accepte avec fierté l'originalité de son fils, au point de publier à compte d'auteur dans une brochure les articles de presse récoltés par Gustav-Adolf à l'occasion de son exposition à Paris, en 1911, à la galerie Georges Petit.

Il en va tout autrement avec Étienne Martin demeuré soumis au modèle familial – exercice du paysage, exaltation des traditions régionales – et qui ne s'accorde le droit d'exister qu'en pratiquant la surenchère des références paternelles. Dans cet impossible « meurtre du père », il trouve sa place en s'installant inconsciemment dans une rivalité inconfortable, rongé par l'obsession d'être toujours à la hauteur, d'être le premier pour mériter l'amour parental. Sa conduite sera réglée par la continuité de l'œuvre de Paul Martin et la quête de son dépassement : application du métier pictural, préférence de l'huile à l'aquarelle, reconnaissance au Salon, publications multiples, implication épuisante dans la création d'un musée, sacrifice de soi[9]. Dans les fonctions qu'il occupe – président de la Commission administrative du Musée de Digne (dès 1906), président de l'Association des artistes marseillais (1912 à 1916), directeur de l'Académie de Marseille (1912-1913), président de la Société des artistes provençaux (1923 à 1925)... – c'est davantage les responsabilités que les honneurs qu'il recherche, comme pour se prouver sans cesse sa dignité, même si s'entremêlent, de façon ambiguë, sentiments d'émulation et désir de réparation à l'égard du père[10]. Cette quête insatiable le fera douter en permanence au point qu'il refusera, par humilité, en 1909 les Palmes Académiques[11].

Les pères spirituels : Antoine Vollon, Alphonse Moutte

S'agissant de la peinture à l'huile, l'influence d'Antoine Vollon (1833-1900) marque Étienne Martin d'une empreinte indélébile. Le maître célèbre, dont les œuvres sont recherchées des collectionneurs provençaux, descend pour la première fois à Marseille en février 1879. Son talent qui s'exerce dans la nature morte, les vues d'intérieurs, le paysage **(fig. 4)** et le portrait, suscite l'enthousiasme des jeunes peintres locaux : ils se détournent de Magaud, le directeur de l'école des Beaux-Arts, dont l'ambition de restaurer l'idéal de la Grande Peinture ne répond plus aux aspirations du moment. Au cours des trois hivers passés dans la cité phocéenne et dont témoignent plusieurs vues des ports, le Lyonnais Vollon joue ainsi le rôle paradoxal de chef de file de la peinture provençale, triomphant à l'exposition de la Société des amis des arts de Marseille en 1882.

9. « La famille, c'est l'abandon de soi-même, c'est l'anéantissement absolu de son individualité. » Étienne Martin, *Par monts et par vaux, Pensées d'un Paysagiste* (3e série), Académie de Marseille, séance du Ier mai 1930, p. 25 ; « Un enfant n'est jamais ridicule quand il exalte outre mesure la mémoire de son père », Étienne Martin, *École buissonnière, Pensées d'un Paysagiste* (4e série), Aix-en-Provence, Imprimerie Fourcine, 1939, p. 16.

10. En devenant Président de l'Association des artistes marseillais, société dissidente du Cercle artistique, Étienne Martin venge en quelque sorte son père, organisateur du Cercle artistique, à l'ombre du président. En revanche, Étienne Martin tend à éclipser son père lorsqu'il s'intitule créateur du Musée de Digne sur la couverture des brochures publiées par ses soins.

11. Il accepte cependant la Légion d'Honneur en 1927, juste récompense de ses sacrifices au Musée de Digne.

« Un nom brille entre tous, c'est celui de Vollon. Il est sur toutes les lèvres, tandis que les tableaux du peintre, disséminés dans la galerie, illuminent l'exposition tout entière de leur chaude irradiation. Nous n'en avons pas moins de dix-huit à admirer, [...] Une curieuse individualité que celle de M. Vollon ! Un peintre également goûté des artistes et des bourgeois : le cas est rare et il serait intéressant d'en rechercher la cause. L'artiste voit le procédé, l'amateur le résultat, l'un et l'autre sont ravis, émerveillés. Par ce temps de naturalisme, de sincérité à outrance, l'immense succès de M. Vollon a encore lieu de nous surprendre. Car ce n'est pas un sincère comme on l'entend aujourd'hui que cet enchanteur qui se plait à faire rayonner dans une ombre fauve les lourdes orfèvreries, ruisseler sur un tapis la pulpe veloutée ou le grain translucide des fruits. Il fait plus beau que nature : je l'ai bien dit, c'est un enchanteur, et c'est pour cela que les gens du monde s'éprennent si fort de cette transfiguration de la chose inerte, de cette fière idéalisation du bibelot, du bijou, de la fleur et du fruit. Quant à l'artiste, il se pâme devant la beauté du ton et l'habileté du procédé ; car il n'est pas de pinceau plus roué que celui de Vollon. Est-ce bien pinceau qu'il faut dire ? Non ! car l'artiste peint avec n'importe quoi : avec le pouce, et c'est ainsi que d'un seul coup il fait tourner les grains de raisin blond où la lumière se joue comme dans de l'ambre ; avec le manche de son pinceau, et c'est ainsi qu'il dessine les fines nervures des plumes de ses oiseaux morts, rien qu'en enlevant la couleur et en mettant la toile à nu; avec la brosse sèche, promenée sur la pâte, et c'est ainsi qu'il indique le sens des fibres des objets. Grâce à cette variété de procédés, à cette dextérité de la main, M. Vollon sait donner à chaque objet l'aspect de la substance qui le compose. Il y a dans tout cela énormément de métier, mais un goût supérieur, une recherche de la belle sonorité, de la note rare et fière, une idéalisation de la nature qui est bel et bien de la magie » note Louis Brès[12].

Les artistes de la nouvelle génération, notamment Raymond Allègre, Joseph Garibaldi, Jean-Baptiste Olive, Théo Mayan, Émile Lagier le prennent pour guide, le suivent à Paris, l'appelant affectueusement « le Patron », surnom autrefois donné à Loubon par ses disciples. « Oui, cher Monsieur Vollon, je suis votre créature, votre chose et [...] un peu votre enfant », s'exclame Étienne Martin[13], fasciné par les qualités de l'homme et de l'artiste : ardeur, bonté, droiture, réussite d'un talent indépendant parvenu jusqu'à l'Institut. De nombreux points rapprochent les deux hommes dans un partage qui dure presque un quart de siècle : esprit religieux, culte de la nature, passion de la musique. Dans la monographie qu'il lui consacre[14], Étienne Martin estime que Vollon, s'il « n'a pas créé d'école directe », a redonné le goût de « la grande facture » en faisant passer « la joie de peindre, l'amour de la pâte, l'ivresse de la couleur, le culte de la lumière avant le besoin de philosopher ». Et le jeune Marseillais de s'extasier sur cette virtuosité déconcertante qui, dans les natures mortes – formules à succès du maître –, parvient à rendre visible « l'âme des choses ». Puis, il tente de

12. Louis Brès, "L'Exposition de la Société des amis des arts au Cercle artistique", *Le Sémaphore de Marseille*, 12-13 février 1882, p. 1.
13. *Antoine Vollon, peintre (1833-1900) par son élève Étienne Martin*, Académie de Marseille, 1923, p. 182.
14. *Ibid.*

définir cet art métissé : « Vollon arrivant à la fin du romantisme et à l'éclosion du réalisme, participe des deux à la fois. De celui-ci, il prend l'étude directe du morceau, le goût du rustique et la glorification des humbles. Du romantisme, il garde le lyrisme et la fantaisie. En résumé, ses œuvres sont, si je puis dire, du "réalisme idéalisé" et par cette heureuse alliance du naturalisme et du sentiment, du métier et de l'imagination, par cette interprétation idéaliste et réaliste à la fois, il prouve qu'il n'y a pas de genre secondaire ni de sujets communs. »

La fréquentation de Vollon détermine un tournant décisif dans l'évolution d'Étienne Martin : le passage de l'aquarelle à la peinture à l'huile, le maniement de la pâte, la diversité des thèmes d'inspiration. Cet ascendant ne fait toutefois pas l'unanimité dans la critique locale. « Pas d'école plus dangereuse à fréquenter que celle du grand chaudronnier », déclare Paul Guigou, pour qui Vollon « est un maître néfaste [...]. S'il peut enseigner à trueller la pâte, à la mariner dans un bain d'huile, il ne saurait apprendre à un élève comment parvenir à dégager sa personnalité en regardant la nature. À ses meilleurs disciples, Vollon n'a jamais livré que des recettes : « Ici, tu frottes, ici tu tournes le pouce, voilà un grain de raisin ; écrase du bleu de Prusse et du noir d'ivoire, voilà une écaille de moule... Ainsi instruit-on les ouvriers dans l'art du faux-bois ou du faux-marbre, [...] les Vollonistes se débattent dans les procédés enseignés. M. Martin donne un aspect beurré à tout ce qu'il représente. Ah ! la recherche de la belle pâte ! Comme il nous faut la maudire[15]. » Certes, la part de Vollon qui subsiste chez Étienne Martin tient plus à l'emprunt qu'à la même sève, et la presse contemporaine qui reconnaît la touche vollonienne large et liquide se plaît à souligner l'habileté, la facilité, auxquelles cède souvent l'artiste.

Avec Alphonse Moutte (1840-1913) vient s'ajouter la leçon du naturalisme provençal. « Je le chérissais, je le vénérais à l'égal d'un père, car, comme un père, il n'a cessé de m'entourer d'une ineffable sollicitude et cette amitié si flatteuse, cette protection si efficace, resteront une des joies, un des honneurs de ma vie [...]. Ah, c'est au milieu de la saine poésie des champs qu'il se livrait entièrement, qu'il se dévoilait avec tous ses instincts de mâle franchise, de rustique distinction, de fière honnêteté », déclare Étienne Martin[16]. Ce maître qui réalise l'essentiel de son œuvre avant qu'Étienne Martin n'envoie ses propres toiles au Salon, sait voir et rendre la vie bruyante du Midi. Chercheur sincère épris du grand air et de la pleine lumière, il pénètre l'intimité de la population provençale dont il dit les travaux, les repos et les joies naïves **(fig. 5)**. Sa puissance réaliste héritée de Meissonier se fonde sur la conscience du dessin, la franchise des attitudes et des physionomies.
Sa démarche scrupuleuse s'appuie, comme chez les écrivains conduisant leur enquête méthodique, sur un reportage qui apporte la connaissance immédiate du réel. Souvent, il improvise un atelier sur le motif pour y peindre ses grandes toiles, supprimant le travail traditionnel de mémoire réalisé à partir de notations prises sur le vif. Ainsi parvient-il à accorder ses

15. Paul Guigou, *Nos peintres*, Marseille, Imprimerie Méridionale, 1893, p. 15 et 34.
16. "Discours prononcé aux obsèques de M. Alphonse Moutte le mardi 22 avril 1913 par Étienne Martin, Directeur de l'Académie et Président de l'Association des artistes marseillais", Marseille, Barlatier, 1914, p. 21-23.

4. Antoine Vollon
La Moisson
Don Étienne Martin en 1938
Musée Gassendi, Digne

5. Alphonse Moutte
Entrée du port de Marseille
par une belle matinée de décembre
Vers 1890
Musée Granet, Aix-en-Provence

personnages au milieu, comme une tranche arrachée à la vie. Le rendu atmosphérique renforce chez lui ce sentiment de vérité suggéré par l'instantané photographique. Sans parvenir à égaler les qualités du directeur de l'école des Beaux-Arts de Marseille, Étienne Martin se souviendra de sa manière de camper un personnage, de son sens narratif, de son observation exigeante. Mais chez lui, l'énumératif l'emporte sur la décision, l'anecdote, sur la synthèse, l'application, sur la verve.

Ainsi, l'art d'Étienne Martin, nourri de sources incompatibles, est-il le résultat d'un amalgame dans lequel interviennent influence paternelle, réalisme lyrique de Vollon, naturalisme photographique de Moutte. Il réalise le glissement de l'aquarelle dans la peinture à l'huile et assume le mariage insolite de tendances, de tempéraments opposés, l'amour de l'ombre, la gestualité de Vollon, unis au besoin de clarté, à la méticulosité de Moutte, rejoignant cet hybride « classico-romantique », formule créée sans complexe par le critique Ferdinand Servian pour définir les tendances générales de la peinture provençale au début du XXe siècle[17]. Quant à la transgression des techniques, elle n'échappe pas à la perspicacité de Félix Naquet qui, au Salon de 1890, estime que *Le Relais* « donne par trop l'impression d'une vaste aquarelle[18] ». De cette alliance instable émane un style néanmoins reconnaissable et personnel. Dans cet art obsédé de robustesse, de santé, et cependant anémié, limité aux surfaces, la frontière où, de l'imitation studieuse, Étienne Martin passe à l'assimilation, est souvent ténue. Cet effort fait d'après les autres ou la nature, dans lequel il s'applique et se tend, caractérise ce peintre qui déclare : « On vit toute sa vie à l'opposé de ses instincts[19]. »

Le défenseur des traditions académiques

Le peintre-conservateur

Qu'un artiste soit conservateur de musée, la chose est courante au XIXe siècle et dans la première moitié du XXe siècle. Si l'on se limite aux exemples provençaux, il faut évoquer Aubert, Granet, Loubon, Tournemine, Courdouan, Coste, Bronzi, Joseph et Honoré Gibert, Pontier, Alexis et Gustav-Adolf Mossa… Valère Bernard, un ami d'Étienne Martin, brigue sans succès, en 1908, le poste du musée des Beaux-Arts de Marseille au Palais Longchamp. Appointés et logés par les Municipalités ou par l'État, ces artistes trouvent dans leur charge une sécurité leur permettant de se livrer avec sérénité à leur création.

Ce qui est singulier ici – et le cas mérite notre attention – c'est d'observer la patience et la passion investies par Étienne Martin dans la fondation d'un musée qui, loin d'être une opportunité, va constituer une source de difficultés où il engloutira sa fortune. Que recouvre cette abnégation si ce n'est le besoin de conforter une identité, en la durcissant dans un rêve de pierre plus rassurant que le songe provençal déployé sur la toile.

17. « À l'heure actuelle, nos artistes cherchent à broyer de la lumière et du soleil. […] Si l'on veut caractériser d'un mot l'art marseillais contemporain, il est permis de dire qu'il est classico-romantique. Je ne connais pas de plus belle doctrine puisqu'elle consacre la solidarité de la pensée, de la forme et de la couleur dans un élan de saine poésie. » F. Servian, "L'évolution de l'art marseillais", *Association des artistes marseillais*, XIXe exposition, 1914, p. 18.
18. Félix Naquet, "Salon de 1890 – la Peinture", *L'Art*, tome XLVIII, 1890, p. 250 ; cf. aussi : « M. Étienne Martin nous présente deux toiles de Sisteron qui, quoique d'un bon dessin, me rappellent trop l'aquarelle, dans laquelle je le préfère. », Fernand Herfray, Salon Marseillais, Marseille, Librairie Flammarion, H. Aubertin et G. Rolle, 1899, p. 15.
19. Étienne Martin, *En plein air, pensées d'un paysagiste* (2e série), Marseille, Barlatier, 1915, p. 5.

Les conférences données dans le milieu restreint de l'Académie de Marseille n'ont qu'une portée éphémère, les articles dédiés au chanoine Richaud ne sortent guère d'un cercle confidentiel : dans ces textes, Étienne Martin s'adresse à ses pairs dont l'adhésion lui est acquise. Son besoin de reconnaissance réclame des preuves plus décisives, des garanties durables. Pour faire triompher sa vérité qu'il croit universelle et d'inspiration divine, car frappée au coin du bon sens, apanage du Créateur[20], ce polémiste virulent, apologiste résolu des traditions et de l'ordre, estime de son devoir civique et de sa responsabilité morale de répandre ses idées. Cet homme animé par la foi, dévoué au peuple, a besoin de convaincre le plus grand nombre. En prise avec la vie et le réel – rappelons l'attraction touristique exercée par Digne comme station climatique au début du siècle –, le musée lui offre un terrain d'affrontement plus efficace et stimulant que le miroir des vernissages ou des sociétés savantes où l'on reste entre soi, où l'on côtoie les mêmes familles d'esprit. À ce lieu, instrument de son prosélytisme, Étienne Martin sacrifiera son bien, son énergie, sa vie, plus encore qu'à la peinture, surtout activité de jeunesse pour laquelle il a conscience de n'occuper qu'un second rang[21]. Réalisation de l'âge mûr, le musée constitue le Grand-Œuvre à parfaire et, dans ce don de soi, la fuite de soi pour survivre. L'artiste explique comment le musée a fait l'objet des dernières pensées de son père, mort le 16 septembre 1903 alors que le maire, le docteur Romieu, venait ce jour-là de lui accorder, après quatorze années de sollicitations, un local satisfaisant, l'ancien Hôpital de Digne. « Et c'est pourquoi je me suis fait un impérieux devoir de le remplacer en poursuivant son œuvre ; et que j'ai mis, dans cet acte de piété filiale, toutes les forces de mon cœur et tous les élans de mon âme !... ».

Ici, Étienne Martin peut se réclamer de deux autres paternités, Frédéric Mistral et Jules-Charles Roux, mais il compte un avantage sur ces écrivains, qui l'ont devancé en créant le Museon Arlaten ou Lou Cremascle, celui d'être artiste-peintre. Si tous trois sont d'incontestables scénographes – il n'est que d'observer les prodiges de mise en scène déployés par les fêtes de la Maintenance du Félibrige **(fig. 5, 6, 7)**, leur déroulement à la façon d'un rite avec la pompe et la théâtralité d'une religion autour de Mistral ou le talent de décorateur de Charles-Roux dans son château de Sausset – Étienne Martin associe étroitement la peinture aux traditions régionales : « au troisième étage, se trouve un vaste local non encore ouvert au public et qui contiendra un musée d'Ethnographie bas-alpine, c'est-à-dire une réunion de tous les objets usuels, outils, articles de ménage, meubles, costumes, dont se servaient journellement nos ancêtres[22].

Loin des compétitions du Salon et des jugements de la presse, les œuvres trouvent dans le musée un statut équivalent, d'ailleurs suggéré par le conservateur dans le catalogue officiel : « Pour une raison de convenance que le public appréciera, les noms d'auteurs ne seront suivis

20. Étienne Martin, "La nature vue par un paysagiste", séance publique du 21 juin 1928, Académie de Marseille, p. 7.
21. « On est profondément injuste avec les artistes de second ordre. Alors que l'on étudie les grands génies [...] les autres sont amplement délaissés. » Étienne Martin, *op. cit.* 1939, p. 15 ; « voir disparaître progressivement toutes ses facultés [...] et le peu de talent que l'on avait. » *Ibid.*, p. 22.
22. Catalogue du Musée de Digne, 3e Supplément, Digne, Chaspoul, 1939, p. 236.

5. *Jo flourau de la mantenènço de Prouvènço*
Imprimé, 1877
Museon Arlaten, musée départemental d'ethnographie, Arles

6. Fêtes Félibréennes du 7 juin 1914
Museon Arlaten, musée départemental d'ethnographie, Arles

7. Fête des Félibres à Beaucaire en 1912
Museon Arlaten, musée départemental d'ethnographie, Arles

JO FLOURAU DE LA MANTENÈNÇO DE PROUVÈNÇO

PREMIERO SESIHO

Tengudo en 1877 à Santo-Ano-d'At.

Felicibus apta triumphis

La Jurado di Jo Flourau de Prouvènço, acampado en Arle lou 26 d'Avoust 1877, i'estènt li sèt Majourau o Mantenèire designa pèr lou Sendi, à sabé, En Leoun de BERLUC-PERUSSIS, dou Felibrige dis Aup, President; lou baroun En Carle de TOURTOULON, dou Parage de Mount-pelié, N'Anfos TAVAN e Aguste VERDOT, di Felibre de la Mar; Marius GIRARD, dou Flourege d'Avignoun; Malaquio FRIZET, di Felibre de Lar, Rapourtaire; e Esri LEGIER de MESTEYME, di Prouvençalisto d'At, Secretàri, a decerni à [illegible] Mistral capoulié dou Felibrige
pèr soun patrounage amistadous,
un testimòni de recouneissènço,
que Mounsegne DUBREIL, Archevesque d'Avignoun, Mèstre en Jo Flourau de l'Acadèmi de Toulouso, e President d'ounour de la Sesiho, i'a soulennamen liéura i fèsto prouvençalo de Santo Ano d'At, lou 9 de Setèmbre en venènt. E an signa aquest encartamen li Priéu dou Felibrige emé lou Coulège di Jo.

Lou Capoulié. *Lou Sendi de Prouvènço.* *Lou President di Jo.*

Lou Cancelié. *Lou Secretàri de la Mantenènço.* *Lou Rapourtaire.* *Lou Secretàri di Jo.*

8. Le Musée de Digne, façade principale
Vers 1913
Musée Gassendi, Digne

9. Le Musée de Digne, 2e étage
Carnet de cartes postales
Vers 1913
Musée Gassendi, Digne

10. Le Musée de Digne, rez-de-chaussée
Carnet de cartes postales
Vers 1913
Musée Gassendi, Digne

11. Étienne Martin
Nature morte (le service à café)
Vers 1885
Collection particulière

d'aucun titre honorifique[23]. » Ainsi, Étienne Martin peut-il, sans crainte, affronter ou égaler ses pères, Paul Martin, Alphonse Moutte, Antoine Vollon. Il imbrique dans une relation intime sa propre création et les collections paternelles, à l'archéologie, à l'histoire d'un sol et à celle d'un peuple. En adressant un « avis important » aux « bons patriotes bas-alpins », le conservateur rappelle l'unique objectif du musée : « recueillir et conserver à la postérité tous les monuments de l'histoire locale de chaque village[24]. » Manière de s'inscrire dans une lignée ancestrale, de devenir soi-même la figure légendaire du fondateur associé au mythe des origines. D'autre part, l'hommage rendu au père – l'œuvre et les collections d'un marchand ennoblies par leur installation définitive sur les cimaises d'un musée, la transmutation de l'éphémère en immuable sans prix –, autorise la propre muséification de l'œuvre de l'artiste qui s'autoproclame, rejoint cette immortalité du temps et passe dans l'histoire.

La pétrification, la pérennité de la pierre et de l'institution muséale légitimée par les instances municipales et bientôt ministérielles, ont pour fonction de sécuriser le peintre, d'asseoir son autorité dans le solide et la permanence. Le face à face avec le musée répond au besoin d'une réassurance quotidienne. Il opère la métamorphose d'Étienne Martin en peintre-conservateur. En révélant un nouveau paraître, le musée permet l'avènement d'un être plus réel que le moi incomplet, véhiculé quotidiennement par un artiste en mal d'identité.

Le Musée de Digne et l'Association des artistes marseillais, bastion contre la décadence

Créé en 1889, sous l'impulsion de son père Paul Martin, occupant d'abord quelques salles de l'ancienne gendarmerie, le Musée de Digne investit en 1905 le vieil hôpital réaménagé pour la circonstance **(fig. 8)**. Inauguré en septembre 1909 par les autorités du département, il s'ouvre au public le 11 octobre de la même année. Nommé conservateur en 1905, Étienne Martin, son dynamique artisan, en appelle avec insistance à la générosité du public et des artistes pour réunir l'ensemble des collections. La section des Beaux-Arts qui se met en place provient, en majeure partie, de dons des membres de l'Association des artistes marseillais, les confrères du peintre, et constitue une sorte de Luxembourg local, consacrant ainsi tout un versant de l'art vivant provençal, contemporain de la Belle Époque (1880-1914), témoignage inestimable pour documenter une histoire régionale du goût de cette génération. Les peintres provençaux auxquels s'ajoutent notamment Auguin, chef de file du paysage bordelais, et le Lyonnais Paul Flandrin, tenant de la tradition classique, cohabitent avec des œuvres anonymes des prestigieuses écoles du passé. Sur les cimaises, la place d'honneur revient aux Martin, père et fils avantageusement représentés **(fig. 9, 10)**.

23. Catalogue du Musée de Digne, Digne, Chaspoul, 1939, p. 19.
24. *Ibid.* p. 134.

Ainsi le musée fournit-il à Étienne Martin l'occasion de défendre son idéal artistique et devient-il le conservatoire d'un temps révolu, l'âge d'or d'une Provence homérique célébrée par Mistral. Fossilisé dans les souvenirs du passé que la peinture perpétue, il constitue le seul rempart de certitudes dans un monde changeant, au visage inquiétant marqué par les trahisons du progrès. Territoire hors du temps, il oppose au devenir menaçant un présent éternel d'où l'imprévisible est exclu. Digne constitue à bien des égards le lieu privilégié de la poésie bucolique, le refuge où peut encore se vivre l'idylle pastorale. Loin de Marseille, métropole bruyante et corrompue, polluée par la révolution industrielle, portant les stigmates de la modernité haïe, dont le pont transbordeur défigurant le Vieux Port représente aux yeux de l'artiste le symbole le plus insupportable[25], la station climatique, préservée par son éloignement et son écrin de montagnes, permet de retrouver les « vraies valeurs » oubliées, la terre nourricière, un peuple honnête aux traditions ancestrales et au sang pur, la solitude et l'authenticité de la campagne. À l'enfer marseillais s'oppose le paradis perdu de l'enfance et des vacances estivales, lieu de ressourcement dans un état de pureté et d'innocence. Ce havre rustique était tout désigné pour abriter le projet de renaissance picturale conçu par Étienne Martin, celui d'une « école régionale plus compacte, et robuste et aussi disons le mot, plus sincère que jamais[26] ».

Au moment où Étienne Martin monte de toutes pièces les collections de son musée, éclate violemment la rupture entre les tendances conservatrices et la modernité. Fauvisme, expressionnisme et bientôt cubisme et futurisme déferlent avec fracas sur la scène artistique et bousculent le goût convenu de la Belle Époque, sacralisé par les Salons officiels. La Provence n'est pas restée étrangère à ces antagonismes. Est-il besoin de rappeler que l'art moderne surgit à la fois à l'Estaque, à Cassis et à Saint-Tropez où les principaux artistes du siècle, Braque, Cross, Derain **(fig. 2)**, Dufy, Friesz, Manguin, Marquet, Matisse, Picabia, Puy, Signac, Valtat... multiplient leurs expériences sur le paysage méditerranéen.

Cette effervescence ébranle les convictions académiques locales et conforte l'avant-garde provençale qui se constitue à la suite de l'exposition coloniale de 1906. Les institutions artistiques marseillaises jugées inadéquates au regard d'un groupe de jeunes, en 1907, se fonde le Salon de Provence, manifestation sans lendemain, à caractère conciliant et fédérateur, ouvert à tous et à toutes les tendances, placé sous le patronage de Rodin, Mistral, Frantz-Jourdain et Reyer. Grâce à cette initiative d'Alfred Lombard et de Jean de Beaumont, « l'air du dehors entre à flots avec Rodin, Cézanne, Carrière et Henri Martin[27] », contrairement à l'isolationnisme pratiqué au Salon de l'Association des artistes marseillais, objet de critique de la part de la presse. Ce dernier, qui a compris la leçon, déclare entrer, en 1908, dans « une phase nouvelle de son existence » : sous le patronage de Frédéric Mistral, Edmond Rostand, Jean Aicard et avec l'aide du conservateur du Musée du Luxembourg,

25. « Cette épouvantable silhouette, cette ignoble carcasse du Transbordeur », Étienne Martin, *op. cit.*, 1915, p. 12 ; « cet ignoble Transbordeur », Étienne Martin, *op. cit.*, 1928, p. 23 ; « l'horrible silhouette du Transbordeur », Étienne Martin, *op. cit.*, 1923, p. 59.
26. Préface à l'exposition de l'Association des artistes marseillais, 1913.
27. Mary Schwob, "Le Salon de Provence à Marseille", *La Revue des Beaux-Arts*, mars 1907, p. 4.

12. André Derain
Martigues
1908
Musée Ziem, Martigues

13. Louis-Mathieu Verdilhan
Le Vieux Port de Marseille
1927
Régie culturelle régionale Provence-Alpes-Côte d'Azur

Léonce Bénédicte, il « entr'ouvre ses portes à un certain nombre de maîtres aux réputations consacrées [...] dont les œuvres provoqueront une noble émulation[28] ». À cette tentative timorée, bientôt qualifiée de « chose finissante, d'un effort sans résultat, presque d'une faillite[29] », s'oppose l'audace avec laquelle les peintres Lombard et Girieud, créant le Salon de mai, préfacé par Élie Faure et placé sous un comité d'honneur prestigieux, bouleversent, en 1912, les habitudes locales. Dans l'exposition, Cézanne, Rodin, Bonnard, Denis, Van Dongen, Friesz, Lebasque, Luce, Maillol, Marquet, Puy, Rouault, Roussel, Signac, Vallotton, se mêlent, parmi d'autres, à l'avant-garde provençale, qui se réunit alors dans le groupe du Poteau ou à l'Académie d'Allauch.

Cette fulgurante avancée de Marseille vers la création contemporaine, portée par une pléiade de peintres de grande valeur – Chabaud, Seyssaud, Verdilhan **(fig. 13)**, Lombard, Camoin, Audibert, Girieud –, se déroule au moment où Étienne Martin assume la présidence de l'Association des artistes marseillais (1912-1914) et de l'Académie de Marseille (1913-1914) où il occupe depuis 1905 le fauteuil de Loubon, ce qui le prédestine à un rôle de chef d'école. Ces positions lui commandent de s'engager dans la controverse locale. Il le fait d'abord dans un article de *Massilia* où il rappelle « le rôle moralisateur de l'Art et la nécessité d'un idéal[30] » et montre l'exemple par son organisation du Salon marseillais de 1912 salué par Louis Brès : « tous tiennent haut et ferme le drapeau de l'art provençal. [...] On est saisi, en pénétrant dans la première salle, que l'on serait tenté d'appeler le salon d'honneur, par quelques toiles plus particulièrement attirantes. La grande toile de M. Étienne Martin, très justement placée au centre du principal panneau [...] est une joie pour les yeux comme pour l'esprit. *Jour de fête*, dit le catalogue **(fig. 72)**. C'est dans une vieille église à la haute nef ogivale (l'église de Digne sans doute), le riant cortège d'une fête religieuse, une procession qui s'organise, un essaim de jeunes filles en robe blanche, avec bannières roses ou bleues, des enfants de chœur en soutanelles rouges et aubes blanches, un suisse chamarré, un dais somptueux sous lequel châtoient les broderies des chapes et des damaltiques, dans l'ombre tiède de l'abside, cependant qu'au premier plan s'entassent dans un désordre pittoresque les orfrois des étoles, les encensoirs, les chandeliers et les bassins de cuivre. Nous avons bien dans cette page la joie qu'éveille en l'âme la pompe des fêtes catholiques, mais aussi et plus encore, la preuve de l'habileté du jeune artiste. Le tableau est bien composé et les moindres détails en sont traités avec infiniment d'esprit. On a plaisir à retrouver en M. Étienne Martin, le brillant élève de Vollon.
Cet artiste a, dans une autre salle, un paysage, *Soir d'automne* **(fig. 26)**, qui mérite d'être vu. Un bouquet d'arbres de noble structure, au feuillage de vieil or clairsemé, se silhouette au bord d'un cours d'eau où se joue la lumière mourante du soir. Page harmonieuse et d'une romantique impression. M. Alphonse Moutte, l'excellent directeur de notre école des

28. *Quinzième Exposition organisée par l'Association des artistes marseillais. Catalogue des œuvres exposées*, 1908, Pavillon de l'Exposition, 8 Cours Pierre Puget. Avant-propos par José Silbert, p. 11.
29. "Au Salon des Artistes Marseillais (Enquête)", *Le Feu*, 1909, p. 42.
30. *Massilia* (n° 99), 1er mai 1912, p. 7 à 11.

Beaux-Arts, à qui nous devons tant d'œuvres caractéristiques de notre nature provençale, expose cette année, lui aussi, un intérieur d'église. *La Communion* : de jeunes femmes en voiles blancs revenant de la sainte table. L'œuvre est une délicate harmonie et d'une impression bien religieuse[31]... »

Puis Étienne Martin utilise la balistique des institutions pour se faire entendre. Avec des introductions, un éloge funèbre, une communication, il part en croisade contre la décadence dont il a l'obsession[32] et règle son compte à l'avant-garde, relayé par ses partisans dans la presse locale[33]. Alors qu'il croit poursuivre l'œuvre de Loubon, il en inverse les données : c'est l'ouverture du Salon de Marseille aux tendances novatrices parisiennes, l'accueil des jeunes, la foi dans le progrès qui avaient fait la vigueur et l'originalité de l'école de Loubon **(fig. 14, 15)** sous le Second Empire. Avec Étienne Martin, plus que jamais, l'Association incarne le bastion conservateur contre les forces du renouveau.

Sa préface au catalogue de la XVIIIe exposition de l'Association des artistes marseillais donne le ton de la polémique : « La plupart des œuvres de nos excellents artistes nous apparaissent comme une victorieuse protestation contre les incohérences, les charlatanismes que certaines Écoles décadentes cherchent à nous imposer. L'originalité à outrance, l'anarchie systématique telles que les pratiquent ces « clans d'avant-garde » – pour me servir de l'appelation dont ils se gratifient – ne sont plus des « progrès », mais des retours vers les âges primitifs. Sous prétexte de « naïveté », on en revient à « l'ignorance » et, naturellement, on en arrive à renier toute la lignée des glorieux ancêtres.
Certes, le danger qui nous préoccupe n'est pas bien redoutable, car la majorité des artistes reste foncièrement honnête, mais il est temps de réagir.
Notre silence semblerait un acquiescement, une abdication. [...] L'intolérable ne peut plus être toléré. D'ailleurs, de toutes parts, des cris d'alarme s'élèvent : ce sont tous les Présidents de la Société des artistes français qui, à tour de rôle, s'indignent contre « la formidable poussée de barbarie qui, depuis trop longtemps, déconcerte le goût français et menace de l'anéantir ». C'est l'Académie des Beaux-Arts [...] C'est un illustre directeur de cette École de Rome qui démissionne [...] C'est un des plus célèbres professeurs de l'école des Beaux-Arts de Paris qui [...] se retire écœuré ! [...] Tous les esprits sains doivent donc aujourd'hui, sous peine de lâcheté, joindre leurs voix à ce concert éloquent. De même qu'il faut défendre notre belle langue contre toute licence scandaleuse, contre ces emprunts stupides aux idiomes étrangers, de même il faut maintenir courageusement les principes inéluctables de l'Art et, particulièrement, les traditions de clarté, de sincérité et d'élégance qui ont fait la gloire de la France. Nous revendiquons une place au combat. »

31. Louis Brès, "Le Salon des Artistes Marseillais", *Le Sémaphore*, 9 mai 1912.
32. « La décadence d'une civilisation se traduit par le mépris de l'idéal et par la recherche du confortable. Hélas, n'est-ce pas là notre état actuel ? » Étienne Martin, *À tous les vents (Pensées diverses)*, Marseille, Barlatier, 1914, p. 11 ; « L'art est dans le marasme [...] bouleversement presque entier par les progrès de la science. [...] Attaques et moqueries incessantes d'une certaine presse. Destruction systématique par nos dirigeants de tout sentiment chevaleresque et spiritualiste. [...] Antagonisme des doctrines et des écoles. Anarchie des élèves. [...] Surabondance d'expositions et de Salons. [...] Crise qui, telle une marée dévastatrice, menace de tout engloutir ! » Étienne Martin, *op. cit.*, 1915 p. 24. – Étienne Martin, "Nous sommes en profonde décadence", dans *Réflexions d'un artiste sur la science*, Marseille, Barlatier, 1918, p. 23 ; « C'est la décadence, c'est l'abrutissement, oh malheureuse France! » Étienne Martin, "Le Cercle artistique de Marseille", 1938, lecture faite à l'Académie de Marseille, 3 mars, 1938.
33. « Nous avons parlé tantôt de l'excellent président *Étienne Martin*. Le peintre nous offre une belle toile, *Le Boulevard Gassendi, à Digne*, avec de gros nuages cuivrés qui roulent dans un ciel encore humide. Le sol est détrempé. Au premier plan une flaque d'eau, de grands arbres aux feuilles d'automne se découpent sur un ciel du soir, et c'est magistralement enlevé. Il y a aussi une petite toile *Village des Basses-Alpes*, déjà ancienne et patinée par le temps, véritable pièce de collection. [...] Mais il est une catégorie de peintres qui ne doit trouver grâce devant aucun jury ; je veux parler des peintres qui s'intitulent *Clan d'avant-garde*. Je plains M. Verdilhan, par exemple, de vivre parmi des gens difformes et estropiés ainsi qu'en témoignent ses dessins. Franchement, mettez-vous devant les dessins ou les toiles de ces messieurs les "modernistes", et dites-moi si vous y trouvez le moindre charme, la plus petite qualité ? C'est nul, archi nul ! Ces messieurs ont tout l'air d'être,
[suite page suivante]

14. Émile Loubon
Retour du troupeau
Vers 1852
Musée d'Art, Toulon

15. Émile Loubon
Le Départ du troupeau au lever du soleil
1861
Régie culturelle régionale Provence-Alpes-Côte d'Azur

16. Louis-Mathieu Verdilhan
Marseille, le pont transbordeur
Vers 1918-1920
Musée Cantini, Marseille

17. Man Ray
Le Pont transbordeur
1936
Musée Cantini, Marseille

Le pamphlet dissimule une attaque en règle de la préface d'Élie Faure au Salon de mai de 1912 et des comptes rendus favorables de la presse.

La mort d'Alphonse Moutte, le directeur de l'école des Beaux-Arts de Marseille, fournit à Étienne Martin, en ce même mois d'avril 1913, l'occasion de saluer « le brillant disciple de Meissonier, le peintre viril, l'artiste robuste » et de réaffirmer les « sains principes illustrés par ses œuvres » dessinées avec amour, puissamment construites (qui) subsisteront [...] comme un modèle de haute probité intellectuelle. [...] Alphonse Moutte sort aujourd'hui de l'École militante pour entrer, désormais, dans l'École triomphante[34] ». Ce vibrant hommage s'accompagne bientôt d'une rétrospective organisée dans le cadre de la XIXe exposition de l'Association des artistes marseillais, dont l'exemple « de robustesse, de pondération et d'honnêteté[35] » souligne la voie à suivre face aux dangereux dissidents. À l'avant-propos d'Étienne Martin fait écho une préface de Ferdinand Servian. Dans ce texte consacré à « l'évolution de l'art marseillais », le critique local insiste sur le mariage de l'indépendance et de la discipline classique « quoiqu'en puissent penser les thuriféraires de l'esthétique à la mode[36] ».

Par ailleurs, à l'instar de la Semeuse, Étienne Martin donne *À tous les Vents (Pensées diverses)* pour la séance du 6 novembre 1913, à l'Académie de Marseille. Sous forme de maximes souvent laconiques, il développe sa conception officielle de la peinture, fidèle à l'esprit de l'école des Beaux-Arts, il indique son idéal du paysage, un mélange de classicisme et de réalisme académique. De nouveau, il stigmatise « les critiques aux abois » et la décadence, préconise l'ordre, les « soins minutieux dans les détails ». La beauté, « harmonie et justes proportions », doit concourir à réaliser le but suprême de l'art : « émouvoir et élever l'âme ». Cet objectif se concrétisera dans le tableau de Salon, le beau morceau de peinture réalisé en atelier, de souvenir, conformément aux principes éclectiques, à partir de « nos informes esquisses », en cherchant de préférence la ligne, loin des séductions sensuelles de la couleur. Enfin, l'imagination et la fantaisie seront « régentées par la raison, l'esprit et le goût ». Ce stoïcisme pictural s'accompagne d'une morale de la douleur et du sacrifice indispensables, selon lui, à toute grande création.

On notera que ce goût de l'ordre, cette exigence des règles, cette exaltation du sacrifice, par opposition à la liberté, à l'arbitraire, au subjectivisme revendiqués par l'avant-garde, répondent aux aspirations au classicisme de toute une partie de la France de 1907 à 1914, alors décelées par les écrivains Jean de Pierrefeu ou Henri Hoppenot. Quant à la « place au combat » affirmée dans la préface de 1913, elle est contemporaine de *L'Appel des armes* (1913) d'Ernest Psichari, le petit fils – rénégat – de Renan. Ainsi le régionalisme militant d'Étienne Martin rejoint-il le nationalisme ambiant, art et idéologie s'entrelacent pour assurer la régénération du pays.

par rapport à l'art, des enfants nés avant terme, ou bien de ces gamins qui accompagnent le régiment qui passe, le régiment des artistes consciencieux qui les sèmera en route. Il y en aurait trop long à dire contre eux. Ils deviennent dangereux pour l'Art, ces gens qui, parce que deux ou trois d'entre eux ont réussi à surprendre la bonne foi de quelques neurasthéniques en mal d'émotions nouvelles et usurper une réputation éphémère, s'imaginent pouvoir, sans talent et sans éducation, s'affubler du titre d'artiste et s'investir du sacerdoce de l'Art. Ils sont restés près de la porte, cette année, et je crains que l'année prochaine. Qu'en pensez-vous, Messieurs du Jury ? » F. Roure, "Au XVIIIe Salon des Artistes Marseillais", *Massilia*, 1er mai 1913, n° 121, p. 5 et 9 ; « L'excellent président Étienne Martin nous offre une belle toile, *L'Automne*, avec de gros nuages menaçants qui s'élèvent lentement dans le ciel : au premier plan, des broussailles d'un effet saisissant, le tout magistralement enlevé. Dans une autre salle, un petit paysage *Environs de Digne* possède les mêmes teintes et les mêmes qualités. Voilà un peintre de race, qui sent la nature et sait la rendre telle qu'il la voit. Mais aussi comme nous sommes loin des impressionnistes et des futuristes ! » Marcel Brunet, "Le XIXe Salon des Artistes Marseillais", *Massilia*, n° 146, 15 avril 1914, p. 5.
34. *Op. cit.*, 1914, p. 22, 23.
35. "Association des artistes marseillais, XIXe exposition, 1914, catalogue officiel", p. 12.
36. *Ibid.*, p. 13-18.

Art et nationalisme

L'analyse resterait incomplète si l'on ne replaçait cette œuvre dans le contexte particulier de l'époque. Donnant la main à l'histoire de l'art, l'histoire ajuste l'angle d'approche, tandis que les textes d'Étienne Martin qu'il nous faut interroger sans relâche, fournissent la base de l'argumentation. Ce qui pourrait sembler digression, voire indiscrétion sur les opinions de l'artiste, apporte, tout au contraire, l'éclairage indispensable pour mieux cerner cette personnalité et situer cette production car la peinture fait corps avec le système, ne forme qu'une illustration de la pensée. Ainsi, témoignent les textes théoriques imbriquant de manière indissociable art et idéologie. Ici, chaque toile mériterait d'être décodée tant elle s'inscrit dans un plan d'ensemble et obéit à une vision du monde. Dans les tableaux de Salon qui prennent parfois l'allure de manifeste, chaque détail revêt un sens précis, s'intègre au tout, à la façon dont l'individu, dans une société hiérarchisée, doit tenir son rang et sa place.

La pensée d'Étienne Martin, exprimée dans ses publications, n'évolue pas entre 1914 et 1939. L'artiste martèle quelques idées-force et fait couramment dévier le prétexte esthétique à des fins idéologiques. Selon lui, le progrès scientifique et le suffrage universel sont la source des maux dont souffre le pays menacé par la décadence. La virulence des déclarations est à la hauteur de la mission dont le peintre s'estime investi pour prévenir ses compatriotes contre les dangers du progrès et l'imminence du cataclysme. À ce titre, *Réflexions d'un artiste sur la science*, lecture faite à l'Académie de Marseille dans sa séance du 7 mars 1918, constitue un morceau d'anthologie dont nous extrayons quelques passages :

« Ne sommes-nous pas en train de perdre notre bonheur au contact de la science ? C'est ce que je veux essayer de démontrer. [...] Eiffel, nom que l'on doit honnir pour tout le mal qu'il a fait à notre œil !... (Paris) est affligé à perpétuité de cette vertigineuse carcasse. [...] Dans vos cauchemars, avez-vous rêvé choses plus laides que ces créations en fer : ponts, hangars, pylônes, vaisseaux, cuirassés, torpilleurs ? [...] Ne nous faut-il pas subir cette outrageante et inutile ferraille que l'on nomme le *Pont transbordeur* **(fig. 16, 17)** ? [...] Seigneur, épargnez-nous les inspirations ultra-modernes !... Seigneur, évitez-nous surtout "l'Américanisme" sous toutes ses formes !
Construites pour la plupart avec ces charpentes métalliques, d'énormes Fabriques surgissent de tous côtés, faisant à tous les grands centres une ceinture de banlieues infectes. [...] Des *Usines de produits chimiques* se répandent dans la campagne : on y distille la mort !... Autour d'elles, toute végétation s'étiole et disparaît, et les ouvriers qu'on y occupe dépérissent. [...] On croit voir les damnés. Fuyons ces lieux maudits !... Alors, on cherche un refuge au sein de la Nature. [...] Voici la longue

théorie des poteaux en fer servant au transport de l'énergie électrique. Chacun d'eux porte l'obsédant écriteau habituel : Attention !... Danger de mort.
[...] La mort nous guette-t-elle encore ?... Pire qu'une trombe, une automobile fond sur nous, soulevant des tourbillons de poussière, avec les hurlements d'un monstre antédiluvien. C'est la folie de la vitesse qui passe, garons-nous !... Le tramway sort-il de l'enceinte d'une ville, [...] c'est l'enlaidissement immédiat de tous les points desservis [...], c'est la gangrène des faubourgs qui s'étend désormais jusqu'aux divers terminus. Le chemin de fer pénètre-t-il [...] c'est la poussée de la civilisation avec toutes ses misères et tous ses vices. Un service de paquebots s'établit-il entre deux continents ? [...] C'est la fin du pittoresque, l'unification complète, absolue des costumes, des architectures, des industries, des mœurs, des mentalités, de tout ce qui faisait l'originalité d'un pays, la valeur d'une race. C'est la fusion générale, l'abâtardissement universel... Et vous voudriez que je me réjouisse de tout cela ? Avez-vous observé notre rue Saint-Ferréol, jadis si distinguée... Elle est devenue [...] une piste pour motocyclettes, [...] elle est envahie par une multitude d'expatriés, de "déracinés" minables. Qu'il lui pousse quelque "gratte-ciel" et elle sera le type accompli de la cité future ! [...] La France entière se couvre de "rues de la République" ou de "boulevards Victor Hugo" [...] Il ne restera bientôt plus un seul Marseillais pur sang : tous mulâtres, Messieurs, tous métis ! Et quel sera notre sort lorsque, dans quelques années, fonctionneront ces services par aéroplanes dont on nous menace. Trois jours de Londres à Calcutta ! [...] Puisque je parle des appareils de transport, que pensez-vous de ce vilain ver de terre appelé "métro", [...] de ces pesants autobus, de ces énormes camions automobiles, qui secouent nos rues et nos habitations, nous donnant la sensation de quelque épouvantable cataclysme ?

[...] "L'esprit nouveau", l'esprit scientifique – encore deux formules à retenir – régissent le monde, ébranlant toutes nos institutions [...] La science, par son essence même, est amorale. [...] Mais où la science triomphe littéralement, c'est dans l'art de la contrefaçon, de la falsification. [...] En avant la fonte, le béton, le ciment armé, [...] le cinématographe, [...] les dactylographes [...] La machine dégrade l'homme. Le règne de la machine ? Réfléchissez donc à ce qu'il vous amène encore : ces innombrables créatures que la machine rend inoccupées, tournent alors vers la Bureaucratie, vers le Fonctionnarisme [...] ces esclaves en redingote, enchaînés dans leurs modernes oubliettes. [...] Le surmenage est le lot commun ; il traîne à sa suite la triste neurasthénie, cette maladie du siècle, qui vaut presque la lèpre des anciens temps.

[...] Poussées par les circonstances, les femmes, créées cependant pour l'amour et pour le maintien du foyer domestique, doivent, en dépit de tous leurs instincts, se chercher des situations, et le *féminisme*, avec ses conséquences désastreuses, au point de vue moralité, natalité, vigueur de la race, n'est, en somme, qu'un résultat indirect de la science. L'humanité, ainsi détournée de ses voies naturelles, souffre et s'aigrit. Les revendications populaires s'élèvent, menaçantes. Eh bien, je le dis très haut, sans la Science, toutes ces questions économiques, tous ces problèmes sociaux n'existeraient pas ! [...] Le voilà donc ce fameux "progrès" dont nous étions excédés ! "Progrès scientifique", "progrès social", "progrès moral", toute la gamme ascendante des "progrès". [...] On voulait remplacer Dieu, qui ne cesse de créer, par la science, qui ne cesse de dévaster : Voilà les résultats! [...] Des gens bien intentionnés prétendent que l'art et la science peuvent marcher en compagnie : C'est faux !... L'art et la science resteront d'éternels antagonistes et leur union ne pourrait produire que des monstres. [...] Avec terreur, on s'aperçoit que nous allons vers la catastrophe. Impossible pourtant de faire machine en arrière. En route donc : c'est *la course à l'abîme* !...

Ce réquisitoire n'est pas une simple boutade ; c'est, de ma part, le cri du cœur, le résumé [...] d'une conviction profonde et [...] de quarante années d'observations et d'agacements ! [...] Je proteste stoïquement, comme tout artiste a le grand, le noble devoir de le faire !... Oui, on doit répandre ces idées : que la Science, avec... le Suffrage universel, sont les deux plaies du monde moderne. Je les rends responsables de tous nos malheurs[37] ! »

La peur de la machine qui envahit insidieusement l'existence, bouleverse la société et fait peser sur le monde une menace mortifère rejoint des préoccupations auxquelles de nombreux contemporains se sont montrés sensibles. *Germinal*, 1885, de Zola évoque le dragon industriel ; l'œuvre de Jules Verne fourmille de machines inquiétantes. *Le Vingtième Siècle*, 1883 et *La Vie électrique*, 1890, d'Albert Robida témoignent du règne des machines et de la guerre que ces monstres nouveaux, défigurant les paysages, livrent à la nature. Dans *Le Talon de fer*, 1907, Jack London déplore « les esclaves de la machine » (chapitre III).

D'autre part, l'idéologie qui s'affirme ici est proche de la doctrine maurrassienne qui s'élabore au cours de l'affaire Dreyfus, se répand à travers l'*Action française* (1908), s'appuie sur le service d'ordre des Camelots du Roi (1908) forgeant au début du XXe siècle un « nationalisme intégral », de type réactionnaire, dont Léon Daudet, fils d'Alphonse, est l'un des plus bouillonnants partisans.

Issus de la même génération, du même milieu méridional très traditionaliste, au catholicisme intransigeant, Étienne Martin et Charles Maurras sont tous deux également inféodés à Frédéric Mistral et son élan de renaissance provençale. Étienne Martin, on vient de le voir, célèbre en peinture, comme Maurras en littérature, les valeurs d'ordre, de rigueur, de soumission à la règle et il semble insinuer, comme son compatriote, la transposition de ces valeurs dans le domaine politique.

37. *Réflexions d'un artiste sur la Science*, Marseille, Barlatier, 1918, p. 9-24.

18, 19. Vues intérieures de la Villa St Martin
Vers 1900
Collection particulière

20. Étienne Martin
Vieux Port
Collection particulière

Dans cette France de la Revanche, amputée par le détachement de l'Alsace et de la Lorraine, blessée dans son honneur et qui garde intacte l'humiliation de la défaite de 1870, Étienne Martin nourrit, comme Maurras, l'obsession de la perte, de la dégradation française. Il partage avec l'auteur de *L'Appel au soldat* l'horreur de ce qui est nouveau, le dégoût des mouvements contemporains. Ce rejet du modernisme se trouve, par ailleurs, conforté chez ce peintre très catholique par les campagnes menées par l'Église qui culminent en 1907-1910 avec la condamnation pontificale (l'encyclique *Pascendi*) et le serment de loyauté antimoderniste du clergé.

Étienne Martin rejoint Maurras dans l'hostilité à la démocratie égalitaire, à la centralisation, à l'organisation bureaucratique[38]. Avec cette élite nationaliste montante qui séduit une fraction de la jeunesse, il prône le culte des traditions et du patrimoine, des valeurs ancestrales et nobiliaires, la défense de la race, « l'irritation xénophobe ». Mais surtout au cœur de leur comportement se trouve la fidélité à la religion récemment menacée par les lois sur la séparation de l'Église et de l'État, alors que la France désignée par un destin d'exception, comme la fille ainée de l'Église, a le devoir de tenir son rang spirituel. En revanche, nulle trace d'antisémitisme chez le peintre qui a profité, pour lui-même et pour son musée, des libéralités du baron Alphonse de Rothschild[39].

La blessure esthétique

Malgré ces convictions et cette mentalité partagées, pour la plupart, dans les mouvements régionalistes de l'époque, Étienne Martin se tient à distance de tout engagement politique effectif. Paysagiste qui goûte la liberté de la vie des champs, il est jaloux de son indépendance. Bien que mistralien convaincu, il ne donne pas davantage son adhésion au Félibrige que son père avait rejoint. Son comportement relève avant tout d'une vision esthétique du monde, construite et arrêtée au début de la IIIe République. Né en 1856 dans un milieu privilégié dont il épouse les convenances, formé par le goût de son père, aquarelliste et antiquaire, qui lui communique l'amour des traditions, du passé et de l'objet précieux **(fig. 18, 19)**, marqué par l'éclectisme contemporain qui moralise et prône le Beau idéal, la grâce et la conciliation, Étienne Martin se double d'un musicien accompli, sensible à l'harmonie. Il voit la nature en poète sentimental et, à ce titre, de nombreuses effusions contemplatives émaillent ses publications. Sa perception lyrique de la région se constitue à travers le filtre félibréen inévitable à une époque où Mistral incarne à lui seul la Provence. Nostalgique de l'âge d'or virgilien, Étienne Martin rêve de vivre au ralenti et de ralentir le cours des choses en s'abritant derrière le mythe d'une Provence immobile et close, caractéristique de la France profonde. Il est meurtri par l'altération que fait subir au paysage l'évolution moderne qui saccage

38. *Op. cit.*, 1928, p. 22 ; *op. cit.* 1934, p. 6 et 61.
39. Le baron Alphonse de Rothschild donne entre 1890 et 1905 plus de 2 000 œuvres aux musées de province. À son intention, Léon Gauchez, directeur de la revue *L'Art* (sous le pseudonyme de Paul Leroi), réalise les achats au Salon, dont bénéficie Étienne Martin. Par ailleurs, le nom du baron est mentionné sur la liste des donateurs du catalogue du Musée de Digne (arrêtée le Ier juillet 1909, p. 13) pour un *Paysage de Provence de Décanis*, n° 54, acquis au Salon de 1896 et entré cette année-là dans les collections du musée.

à ses yeux le patrimoine de « la vraie France » et c'est dans cette blessure esthétique fondamentale que réside le sens de sa révolte.

À plusieurs reprises, il se lamente sur l'effondrement du pittoresque dont l'exemple du Vieux Port de Marseille **(fig. 21)** revient comme un leitmotiv : « Que voyons-nous aujourd'hui dans notre malheureux bassin ?… Quelques vieux vapeurs désarmés, quelques affreux bateaux-citernes, quelques navires en démolition dont les épaves rouillées gisent, honteuses, sur le sol et, pour toile de fond, l'horrible silhouette du Transbordeur. Voilà ce qui reste de la féerie des siècles passés. […] Quand je me remémore les visions de ma prime jeunesse, je revois, comme dans un rêve enchanté, cette légendaire "forêt de mâts" célébrée par tous les poètes. […] Je revois les "poulaines" chamarrées, boussoles rigides montrant éternellement, de leur doigt sculpté, un Nord imaginaire. Je revois les beaux vaisseaux à tout propos pavoisés. Pavoisés pour la Noël, pour Pâques ; pavoisés pour la fête du Roi, pour la fête de l'Empereur, pour la fête du capitaine, pour tous les saints du calendrier !… Chaque lendemain de pluie, on décarguait les voiles. C'était alors comme une gigantesque et resplendissante lessive qui séchait au soleil, masquant de larges pans de ciel et criblant l'azur d'un tas de moussaillons aux pieds nus. Et toutes ces voiles, ces drapeaux, ces banderoles, ces coques enluminées, ces chachias rouges, ces vareuses jaunes, tout ce cliquetis de tonalités, tout ce fracas de colorations finissaient par se laisser choir dans l'eau clapotante et glauque et y mettaient, en un perpétuel et mouvant miroitement, de longs serpents de feu et des flots de chatoyantes pierreries…
Sur les quais, la ligne des proues armées de leur beaupré, s'avançait, arrogante, prête à l'assaut des grands "domaines" avoisinants. Il y avait le quai aux vins, le quai aux huiles. Il y avait le coin aux bois où les énormes poutres sortaient des cales du navire éventré ; le coin aux blés, où des cascades de grêlons dorés rebondissaient sur des briques roses qu'une margelle de pierres blanches encadrait. Plus loin, le *Bassin du carénage* : les grosses carènes chavirées, comme échouées, les matures trempant dans l'eau. Puis la flamme vive des sarments, un nuage de fumée aromatique, une bonne odeur de goudron… Plus loin encore, sous les remparts au ton de belle chair humaine, le *Chantier de construction*, avec son essaim de charpentiers et de calfats.

Il y avait l'époque des oranges, l'époque de la cassonade qui attiraient des volées de gamins pillards. Il y avait l'heure exquise du retour des pêcheurs égrenant leurs filets argentés et frétillants. Il y avait le grand jour du Samedi-Saint : les pavillons en berne hissés à la flèche d'artimon au signal donné par la mairie ; les cloches du bord tintant toutes en chœur au premier branle du bourdon de la "Bonne-Mère". Et, dominant tous ces spectacles, par dessus toutes ces rumeurs, il y avait… Il y avait cette incommensurable voûte céleste, cet indescriptible bleu fait de gris et d'or, seule chose qui subsiste de notre ancienne splendeur, parce que c'est la seule chose que la main de l'homme moderne n'ait pu atteindre. Voilà ce que nous avons perdu à jamais[40] ! »

Homme d'un autre temps, il vit son époque comme une agression et refuse la réalité d'un monde instable, en devenir permanent, négation de sa fixation, mise à mort de ses rêves. Pour conjurer cette révélation, il maintient l'illusion d'une vision rassurante, en figeant par l'image et le texte, des paysages et des villages dont il déplore la transformation, des coutumes, des anecdotes et un rythme de vie en voie de disparition. Témoin attendri des mœurs campagnardes, il a une conscience lucide de son déphasage – « arriéré jusqu'au bout » dit-il de lui-même en 1918[41] – et sa présence au monde faite de regrets, placée sous le signe de la perte, est empreinte de pessimisme et de souffrance : « La vie est un cauchemar », avoue-t-il à 59 ans[42], déclarant peu après, « j'arrive au bout de ma vie et mes yeux désabusés, mes pauvres yeux blessés, vont se fermer à tant d'horreurs[43] ».

Tel qu'il se présente avec son monolithisme et ses ambiguïtés, il serait injuste de lui reprocher d'être resté imperméable à la poésie de la modernité industrielle ou hermétique à l'avant-garde picturale dont tout le séparait[44]. Lui demander de changer son regard ou de remettre en question ses croyances équivaudrait à menacer son intégrité, à briser ses structures existentielles, établies tout à la fois par son milieu provençal, l'esprit de son époque de formation, l'apprentissage de ses codes et son éducation. Parce qu'il révèle cette fracture entre deux France antagonistes et ce désarroi face au monde moderne, son cas n'en est que plus utile en ce qu'il nous renseigne sur le comportement des forces conservatrices en Provence confrontées à l'essor inéluctable du progrès.

40. *Op. cit.*, 1923, p. 167 à 170.
41. *Op. cit.*, 1918, p. 24.
42. *Op. cit.*, 1915, p. 5.
43. *Op. cit.*, 1928, p. 24 ; cf. aussi *op. cit.*, 1914, p. 20 ; *op. cit.*, 1930, p. 28 et 31 ; *op. cit.*, 1939, p. 27.
44. « Sous prétexte d'*Esprit Nouveau*, une catégorie de peintres ultra modernes recherche [...] l'incohérence, l'extravagance, l'inertie, la folie ! Quand je visite certaines expositions ultra modernes – il faut bien se tenir au courant – je me demande avec anxiété, en voyant cette peinture de bébés au maillot, si je suis devenu tout à fait gâteux, ou bien si l'on se moque de moi ? » *Op. cit.*, 1930, p. 15. Rappelons que *L'Esprit Nouveau* est l'organe de combat fondé en 1920 à l'initiative de Le Corbusier pour défendre « un esprit de construction et de synthèse » et qui entend présenter « les recherches, les idées de ceux qui aujourd'hui conduisent notre civilisation ».

II. L'ART D'ÉTIENNE MARTIN : UNE IDENTITÉ QUI SE CHERCHE

Un naturalisme éclectique

Tour à tour, voire simultanément, classique, romantique, naturaliste, l'art d'Étienne Martin est fait de compromis et reflète cet éclectisme ambiant dans lequel il s'est constitué et qui, rejoignant le goût dominant de la société contemporaine, a fait la fortune paternelle. À plusieurs reprises, le peintre prône les mérites de l'éclectisme auquel il reste fidèle tout au long de sa vie. Il lui consacre par ailleurs deux essais : *Discours sur l'éclectisme* (1923), suivi de *L'Éclectisme dans la musique* (1930). Cette disposition dont il vante la souplesse, la capacité d'adaptation, qui suppose « une riche culture » et « une intelligence ouverte » à toutes les manifestations artistiques, permet d'aimer le Beau sous toutes ses formes et le Beau de toutes les époques [...] L'éclectisme, c'est se rassasier de chefs-d'œuvre [...] fréquenter les maîtres les plus opposés et communier avec eux sous toutes les espèces[45]. » À cet homme ennemi du progrès, pour qui le nouveau n'est que figure de l'ancien, retour vers l'antériorité, il suffit d'absorber une part des grands courants qui ont traversé le XIXe siècle et d'emprunter certains traits des maîtres admirés pour composer son propre style. Dans un ouvrage à l'influence fondamentale, *Du Vrai, du Beau et du Bien* (1836), qui en est à sa dixième réédition en 1863, Victor Cousin n'exprime-t-il pas que la vérité se constitue à partir d'éléments glanés dans les divers systèmes des devanciers ou des contemporains ?

Produit d'un composite dont on a évoqué les ingrédients – l'empreinte de Paul Martin, celle d'Antoine Vollon et d'Alphonse Moutte –, la peinture d'Étienne Martin croise des influences variées pour aboutir à une formule pittoresque dans laquelle l'image anecdotique, adaptée au goût du public, se livre de plain-pied.

Héritage classique

Dans son rapport à l'Académie de Marseille à laquelle postule l'artiste en 1903, Ferdinand Servian souligne combien « les études classiques » du candidat, équilibrant « l'influence persistante de son maître, le regretté Vollon », étayent son « interprétation sincère de la nature » : « Il serait difficile de trouver un artiste qui connaît mieux que lui la perspective aérienne par laquelle la toile se creuse à l'infini, qui fût plus familiarisé avec les lois de la composition, qui possédât, en un mot, à un degré aussi éminent la science de son art. Ce qui frappe surtout dans ses compositions c'est l'unité. Il sait, d'une manière parfaite l'affinité rapprochée qui existe entre le ton proprement dit et la lumière blanche. Au lieu de rechercher une jouissance profonde

45. "L'Éclectisme dans la Musique", Académie de Marseille, séance du 6 février 1930, Marseille, 1932, p. 7, 8.

21. Étienne Martin
Quai de Rive Neuve
Galerie Marina, Cassis

22. Pierre Letuaire
Environs de Toulon. Le village de La Garde
Vers 1850
Musée du Vieux Toulon

dans l'intensité des couleurs complémentaires, afin d'exalter la puissance visuelle de notre œil, il s'applique à harmoniser le ton local, au moyen d'une teinte savamment dégradée qui vous fait préférer la belle enveloppe de ses sites automnaux aux sonorités de ses verts et à l'éclat de ses lumières. »

La tradition classique affirme chez Étienne Martin la primauté de la ligne, conductrice du regard. Des indications arrêtées accusent les masses, modèlent des volumes qui se répondent. L'accent porte sur les limites des objets, les formes constituent une réalité fermée. L'artiste est également pénétré de la pédagogie éclectique de Thomas Couture, *Méthode et entretiens d'atelier* (Paris, 1867), dont « école buissonnière » (p. 42) sert de titre à la 4ᵉ série des *Pensées d'un paysagiste* (Aix-en-Provence, 1939) : plusieurs remarques de l'auteur des *Romains de la décadence* semblent transposées dans les publications du peintre de Digne qui, pour faire œuvre durable, recherche la structure stable, celle d'un monde saisissable, mesurable et permanent. Sa définition de la beauté, « un ensemble de belles lignes, de justes proportions et d'harmonie[46] » reflète en tous points l'idéal académique. La rigueur de la construction est étayée par une pratique systématique du dessin préparatoire, préféré à l'esquisse. L'ensemble de dessins judicieusement acquis en 1997 pour le Musée de Digne par Nadine Gomez-Passamar, nous renseigne utilement sur ces phases d'élaboration, tout en permettant de dater et de situer de nombreux paysages. Il souligne le poids des principes hérités : Étienne Martin prend possession du motif par la notion intellectuelle de l'épure, dessin au contour fermé. Définir les grandes lignes, suivre les ondulations du sol, arrêter la série des plans, découper les frondaisons, indiquer les accidents qui meublent les terrains, telle est la préoccupation essentielle de l'artiste, soucieux, comme Corot, d'établir les points de repère. De cette survivance attardée du dessin de style, hérité de l'époque néoclassique, qui s'érige en système clos, on trouve un équivalent régional dans l'œuvre du Toulonnais Pierre Letuaire **(fig. 22)** né toutefois plus d'un demi-siècle avant notre paysagiste. Cette calligraphie austère excluant la séduction des valeurs, de l'estompe ou des rehauts, traduit une démarche ascétique. Elle prépare le regard à l'architecture du paysage provençal, accusant sa structure nette, soulignant sa convenance décorative.

Conforme aux principes du paysage classique et de la *veduta*, le chemin qui s'enfonce ordonne un échelonnement de plans en profondeur, scandés par les écrans conventionnels. Ce motif partage généralement la toile en deux ensembles équivalents : la recherche de l'équilibre constitue un souci majeur chez l'artiste, fidèle à la leçon de Jean-Antoine Constantin, père du paysage provençal, venu au moment de la Révolution à Digne où il réalise jusqu'en 1807 de nombreux lavis appréciés des collectionneurs. Si le chemin est décentré,

46. *Op. cit.*, 1939, p. 11.

sa masse, amplifiée aux proportions de la terrasse recommandée par le traité de Valenciennes, sert de contrepoids au reste du paysage. Les panoramas qui dégagent de vastes étendues appuient leurs premiers plans sur les repoussoirs traditionnels ou sur des fabriques utilisées comme portants de théâtre, encadrant la scène (*Printemps à Marcoux près de Digne*, **fig. 23**). Étienne Martin répugne au découpage des objets par le cadrage pratiqué par ses confrères imitant l'exemple de la photographie contemporaine (notamment Montenard).

La composition qui articule masses et plans selon un ensemble hiérarchisé met généralement en valeur un élément frontal qui fait office de centre d'intérêt. Ce point focal contraste par sa qualité – couleur, échelle, rythme... – avec les éléments subordonnés qui l'exaltent, ce qui crée l'animation du paysage à laquelle contribuent la présence humaine et la mobilité des nuages. Ainsi, dans *Vue de Sisteron* **(fig. 24)**, la masse frontale et statique du vieux village perché qui ferme l'espace, s'associe visuellement à la murette dont l'ombre portée dynamique souligne les accidents pittoresques. Le même artifice se retrouve dans *La Corniche* **(fig. 25)**, créant la même opposition valoriste et rythmique. Ailleurs, des ornières grises mouvementées renforcent l'éclat d'un disque orange : *Champ de neige, soleil couchant* **(fig. 27)**, tandis que les deux personnages de dos qui pressent leur pas vers La Javie **(fig. 28)** sont davantage miniaturisés par le calvaire monumental que par le cirque montagneux fermant l'horizon. Remodelés, aménagés par l'homme, la plupart des paysages intègrent des silhouettes humaines, conformément aux principes humanistes : ces petits personnages, projection du spectateur dans l'espace de la toile, sont là pour nous convaincre que nous appartenons à ce monde et y avons notre place. La nature sauvage, expression du chaos, reste un phénomène exceptionnel dans la production de l'artiste (*Mare, Soleil couchant*, **fig. 43**).

Lumière et couleur sont au service de la forme. Le paysage se dévoile en toute clarté sous un éclairage théorique qui procède davantage du jour d'atelier que de l'atmosphère naturelle (cf. *Le Pré-de-Foire à Digne*, **fig. 36** ; *Les Meules*, **fig. 31**). Souvent, Étienne Martin applique les recommandations classiques – un tiers, deux tiers – dans la répartition de l'ombre et de la lumière (*Route sortie nord Sisteron*, n° 75 ; *Sur le plateau de Puimoisson* ; *Vue de Sisteron*, **fig. 24**). Respectueux d'une loi des anciens traités, abandonnée par les nouvelles générations, il aime plonger ses premiers plans dans l'obscurité, ménageant la clarté dans les lointains, ce qui facilite le creusement de l'espace pour la plus grande délectation du spectateur (*Soir d'été à Marcoux*, **fig. 29** ; *Matinée de printemps à Marcoux*, **fig. 23**). La stricte observation de ces préceptes parvient rarement à assurer la vraie beauté d'un paysage, fondée sur la distribution et la qualité de la lumière, légère et transparente. Chez lui, la couleur dégénère en coloris recouvrant la forme. Malgré l'intérêt

23. Étienne Martin
Matinée de printemps à Marcoux
Don de l'artiste en 1904
Musée Gassendi, Digne

24. Étienne Martin
Vue de Sisteron
Vers 1901
Collection particulière, Sisteron

25. Étienne Martin
La Corniche
Vers 1896
Collection particulière

26. Étienne Martin
Bords de Bléone à l'automne
1910
Collection particulière

27. Étienne Martin
Champ de neige, soleil couchant
Collection particulière

28. Étienne Martin
Le Calvaire
1922
Collection particulière

29. Étienne Martin
Soir d'été à Marcoux
Don de l'artiste en 1909
Musée Gassendi, Digne

30. Étienne Martin
Vendanges en Provence
1895
Musée des Beaux-Arts de Dijon

31. Étienne Martin
Les Meules
Collection particulière

32. Étienne Martin
La Durance à Sisteron
Vers 1899
Mairie de Sisteron

33. Étienne Martin
Vue de Forcalquier prise des coteaux de Saint-Marc
Don de l'artiste
Musée de Forcalquier, Forcalquier

34. Étienne Martin
La Durance à Sisteron
1904
Collection particulière

35. Étienne Martin
Vue de Sisteron
1900
Don de l'artiste en 1906
Musée Gassendi, Digne

36. Étienne Martin
Le Pré-de-Foire à Digne
Don de l'artiste en 1908
Musée Gassendi, Digne

37. Étienne Martin
Place Gassendi à Digne
Salon de 1888,
Exposition universelle 1889
Musée d'Orléans dépôt
au musée Gassendi, Digne

38. Étienne Martin
Champ avec deux femmes
Collection particulière

39. Étienne Martin
Vaches s'abreuvant
Collection particulière

40. Étienne Martin
Le Troupeau

porté à l'œuvre de son compatriote Monticelli auquel il a consacré un impromptu, la sensualité des couleurs pures l'effarouche. Étienne Martin n'emploie que des tons rabattus ; cependant, à la différence de Corot qu'il admire, mais dont il n'a jamais percé le secret, il abuse du gris, au lieu d'incorporer un peu de blanc à tous les tons, jusque dans l'ombre, afin d'alléger l'atmosphère. Cette manie héritée de Vollon, par ailleurs aux antipodes des merveilleux gris colorés des impressionnistes, salit sa palette et affadit ses lumières, donnant des ciels boueux (*Arc-en-ciel après l'orage* ; *Champ de neige, soleil couchant*, **fig. 22** ; *Bethmont* ; etc...). Il y associe les pâtes beurrées, dénoncées par la critique, produisant des routes blafardes (*Vue de Sisteron*, **fig. 35**) ou des maisons en carton (*Le Cours des Arès* ; *La Corniche*, **fig. 25** ; *La Durance à Sisteron*, **fig. 34**).

Penchant romantique

« Ô Nature !… Source inépuisable d'émotions sensuelles ou mystiques ! Source d'inspiration ! École d'enthousiasme, je me prosterne énamouré devant toi et mon âme délirante, s'élançant de la terre vers l'infini, adore en tes œuvres le Créateur[47] !… » Publiée en 1928, cette profession de foi trahit un engagement romantique dont les signes méritent d'être décelés. La pratique du paysage permet à cet « amant passionné » d'approcher ce qu'il nomme avec respect l'« éternelle énigme ». Alors, loin des doctrines et des leçons apprises, l'artiste se débride, ose être lui-même, révélant un authentique tempérament. Dans quelques rares œuvres, il abandonne l'écriture consciencieuse, l'application scolaire, répudie la sécheresse de la *veduta* pour affronter le vrai dialogue luministe et le sentiment de l'atmosphère. La touche s'anime, la brosse court librement, le geste efface les contours, les formes mouvantes des frondaisons se fondent dans une ambiance unifiante (*Champ, deux femmes*, **fig. 38**) rappelant parfois l'influence exercée par Corot sur une fraction de la peinture provençale (Aiguier, Colla, Imer, Fraissinet…). Ou bien, la lumière crépusculaire, seule réalité de l'image, obscurcit les parois et les choses, mélange les masses, unit les animaux à la terre : *Vaches s'abreuvant, soleil couchant* **(fig. 39)**. Ici, l'évocation pastorale s'élève au rang de poésie et perpétue dignement la méditation contemplative de Corot (cf. *Le Chevrier italien*, vers 1847, Louvre). Avec *Coucher de soleil sur la mare* **(fig. 41)**, l'épaisseur des matières, la fougue gestuelle, la violence des contrastes nous transportent du côté de Barbizon, évoquant la brutalité de certains Dupré. La tonalité froide, si peu provençale, du *Troupeau* **(fig. 40)**, dans laquelle les couleurs s'anéantissent jusqu'à une monochromie de verts subtils, privilégie des lueurs errantes qui, accordées aux vibrations de la touche et aux inégalités du recouvrement du support, confèrent un mystérieux bruissement au paysage.

« Et ce flamboyant soleil couchant s'allume pour nous seuls […] une mare croupissante s'irise de tous les feux de l'arc-en-ciel[48]. » Soleil couchant, marais, motifs de prédilection romantique, émaillent occasionnellement l'œuvre d'Étienne Martin et lui communiquent une charge émotionnelle inaccoutumée. Tel, le pathétique des trois arbres dont les troncs tortueux gesticulent désespérément dans un ciel glauque pour conjurer la pesanteur des rochers ou l'enlisement de la *Mare, soleil couchant*, **(fig. 43)**. Symbole d'un monde qui se lézarde, l'effacement des reflets, conforté par la gamme en mineur des gris saturés, traduit la désolation d'un lieu voué à la mort ou au diable et dont George Sand a révélé le sinistre prestige. À cette dramaturgie du paysage, il faudrait ajouter les chênes séculaires silhouettés à contre-jour, étouffant les derniers rayons du *À Gaubert, le soir* **(fig. 42)** : ils nous montrent une nature mélancolique, enveloppant les grandes tristesses de l'homme, comme faite pour servir de décor à un songe.

47. *Op. cit.*, 1928, p. 21.
48. *Ibid.* p. 13.

Le rôle accordé au ciel, notamment aux nuages qui entraînent l'imagination vers l'infini, milite en faveur du romantisme de l'artiste qui proclame : « Rien n'est comparable à la Beauté d'un ciel toujours en mouvement, toujours renouvelé : ciels traversés par ces immenses cumulus, véritables monuments de pierres qui semblent vouloir se grimper les uns sur les autres. Ciels d'orage, où de terrifiantes masses noires emportées par la rafale, répandent l'épouvante et sèment le désastre ! Ciels d'aurores ou de crépuscules, avec leurs stratus frangés d'or ou d'argent. Ciels de brouillards qui voilent le soleil comme un store vaporeux. Enfin, merveille unique, ces grands ciels bleus, sans taches, monotones à première vue, mais idéalement nuancés et dans lesquels on sent remuer et vivre, en d'infinis tremblements, toute l'atmosphère[49] ! » De fait, l'œuvre d'Étienne Martin décline ces multiples ressources. Souvent, le ciel, en suivant l'exemple hollandais, occupe la moitié, sinon les deux tiers, de la toile. Ainsi, pour *La Moisson* **(fig. 45)** ou *La Moisson en Provence* **(fig. 46)** : dans ce paysage plat, sans bornes, dénué de tout incident, le ciel, au mépris du titre, concentre à lui seul presque tout l'intérêt du tableau : la masse ambiguë des nuages écrase les meules et dynamise la composition.

Défi aux aspirations classiques, le culte du pittoresque entretenu d'un bout à l'autre dans l'œuvre d'Étienne Martin, illustre un autre versant de son romantisme et témoigne du paradoxe de ce peintre éclectique. Cette pratique qui constitue le ressort principal de son art pourra sembler singulièrement obsolète si l'on considère qu'elle s'exerce entre 1880 et 1920 : en effet, la mise à mort du pittoresque, programmée par l'essor de la photographie, l'invasion du naturalisme et la promotion du pictural, remonte aux premières années du Second Empire.

Esquisser la fortune de cette catégorie esthétique qui culmine avec les années romantiques permettra de mieux situer l'engagement de notre artiste, indifférent aux modes et aux courants. S'il appartient aux Anglais de le codifier tardivement, le pittoresque occupe depuis longtemps les esprits. Opposant au style héroïque, le style champêtre, Roger de Piles formule dès 1708, sans la nommer, une théorie du *pittoresque* fondée sur « quelque effet de la nature piquant » dont les accidents, le gazon, les roches, les terrains, les fabriques, les figures et les arbres constituent divers points d'appui. La conjonction de l'art des védutistes où l'espace est mis en scène, de la mode des jardins anglo-chinois qui proposent un arrangement « naturel » dans la composition des scènes et fabriques, et de l'engouement pour les récits de voyages qui saisissent la particularité des régions traversées, assure, vers le milieu du XVIIIe siècle, le succès du *pittoresque* qui détrône le Beau idéal. Décor séducteur fait pour rêver avant que la représentation ne commence, il divertit le regard par une beauté rustique aux effets visuels complexes, fondée sur la variété, le hasard, la dissonance et la dégradation due au temps. Cette beauté sauvage, dans laquelle le motif saillant, le détail organise le tout

49. *Ibid.*, p. 14.

et, surévalué, déclenche l'émotion, transpose celle de la campagne physiquement sensible, support du nouvel idéal naturel cher à Diderot (cf. le Salon de 1759). Elle s'exprime dans une nouvelle conception du paysage encouragée par Natoire qui aménage à Rome, dès 1752 un jardin pittoresque pour susciter le goût du paysage chez les pensionnaires de l'Académie de France ; elle est véhiculée par Watelet (*Essai sur les Jardins*, 1764), illustrée par Boucher (*Le Moulin de Quiquengrogne à Charenton*, 1758), bientôt suivi par Fragonard et Hubert Robert au cours de leur séjour en Italie, patrie par excellence du *pittoresque* selon Cochin.

À Joseph Vernet, dans la lignée provençale duquel souhaite s'inscrire Étienne Martin, Pèlerin en 1753 et le Marquis de Marigny en 1757, rappellent la nécessité, dans la série des *Ports de France*, de « réunir deux mérites, celui de la beauté pittoresque et celui de la ressemblance ». En 1791, Levesque, dans son *Encyclopédie méthodique des Beaux-Arts* (Tome II, p. 183), insistera sur les vieux arbres au tronc tortueux, à l'écorce sillonnée, les fabriques ravagées par le temps, les chaumières et tous les accessoires de la vie champêtre, alors qu'en Angleterre, William Gilpin (en 1792) et Uvedale Price (en 1794), couronnant un siècle d'efforts théoriques, vont définir une typologie dans leurs essais consacrés au pittoresque, bientôt vulgarisés sur le continent.

La mode des *Voyages pittoresques* qui se multiplient à la fin du XVIIIe siècle culmine avec l'édition monumentale de Taylor et Nodier, Voyages pittoresques et romantiques dans l'ancienne France, commencée en 1820 et publiée en livraisons émaillées de lithographies réalisées par les meilleurs paysagistes du moment. La démarche d'Étienne Martin perpétue localement cette grande entreprise romantique dont la mission était de donner un visage à la France, de familiariser le public avec les richesses d'un patrimoine ignoré et souvent malmené par le vandalisme révolutionnaire. Églises, châteaux, vieilles cités, sites et curiosités naturelles intégrant le petit peuple provincial saisi dans ses activités quotidiennes, allaient ainsi doter chaque région de paysages types. Révélant le génie du lieu, en incluant les données historiques, géographiques, ethnographiques, le pittoresque suscite des associations d'idées, inclut le rapport de l'homme à un temps décalé, témoignant d'un passé lointain chargé d'un pouvoir suggestif qui répond à la soif d'évocation archéologique et d'évasion touristique.

C'est bien cette même recherche identitaire fondée sur le passé que poursuit inlassablement Étienne Martin à travers l'inventaire des villages et sites des Basses-Alpes dont il voit l'avenir menacé : « La néfaste engeance des ingénieurs a passé par là et, comme toujours, comme partout, elle a banni le pittoresque, massacré la nature. [...] Le tort qu'ils ont fait, aussi bien au paysage qu'aux œuvres du passé est irréparable. » déplore-t-il, « lorsqu'une route nationale bien large et bien droite » se substitue à la poétique cluse de Saint-Clément[50].

50. *Op. cit.*, 1934, p. 82.

41. Étienne Martin
Coucher de soleil sur la mare
Collection particulière

42. Étienne Martin
À Gaubert le soir, près de Digne
juillet 1877
Musée Gassendi, Digne

43. Étienne Martin
Mare, soleil couchant
1871
Collection particulière

Répondant aux directives du Félibrige, la collection d'images qu'il réalise sur les paysages, les monuments et les mœurs provençales a la même valeur d'enregistrement, le même souci de conserver la mémoire que les documents, objets ou vestiges retraçant l'histoire locale accumulés pour son musée.

Ses publications qui complètent et commentent sa production picturale sont truffées d'anecdotes sur ce pittoresque en péril, équivalent visuel de l'âme provençale. Amer, il constate l'abandon d'un moulin au bord de la Bléone, l'écroulement des remparts de Courbons. « Beaucoup d'autres maisons sont vides et en ruines, les chênes majestueux et les gros noyers sont abattus, les champs désertés [...] et c'est ainsi que tous nos délicieux villages bas-alpins disparaissent les uns après les autres[51]. » D'où l'urgence de pérenniser sur la toile le souvenir de ces chapelles de campagne, de ces chemins poudreux où passe « la longue théorie des vieux ânes pomponnés et sonnaillants », de ces places ensoleillées servant de cadre à « la douce quiétude des habitants des petites villes ».

La fumée qui s'échappe de la vieille ferme au premier plan de *Matinée de printemps à Marcoux* **(fig. 23)** nous informe que cette masure à la façade lézardée, défiant le temps, est toujours habitée. À l'instar de la chaumière, elle est transposition de l'habitation primordiale, elle symbolise la simplicité de la vie frugale, le retour nostalgique à un ordre intact et heureux. Dans ce tableau, l'artiste a distribué savamment les motifs recommandés par Gilpin et Price dans leurs traités : terrain brisé, ornières, pierres, buissons. L'oratoire qui semble bénir le destin du couple de paysans et vers lequel se dirige un berger poussant son troupeau, souligne l'ardente piété du peuple des campagnes. Autre témoin de cette foi triomphante, le calvaire, victorieux d'une végétation envahissante, dressant son signe intemporel dans la majesté du panorama **(fig. 28)**. Ici, l'immense croix ancrée par son piédestal lumineux, préside aux travaux des champs et au trajet des promeneurs du premier plan : à l'élan vertical s'oppose la fuite biaise des deux silhouettes – vieillard, enfant – renforcée par la canne en diagonale énonçant l'écoulement du temps, le passage des générations, la rencontre de l'éphémère et de l'éternité.

Le Cabaret de Gaubert, prototype d'une série ayant l'auberge pour thème – dont le tableau du Salon de 1889 **(fig. 49)** – associe plusieurs éléments éculés d'un pittoresque intimement vécu : muraille accidentée où grimpe la treille, toit affaissé coiffé de cheminées indigènes, escalier aux marches irrégulières, village haut perché se découpant sur la montagne, végétation contrastée, charrette ignorant la diligence, vieillards devisant, nuée d'oiseaux... L'habileté des oppositions – charretier marchant dans le soleil / vieillards statiques abrités à l'ombre de l'auberge ; rythme lent de l'âne / vitesse de la diligence qui soulève un nuage de poussière dans le lointain – renforce la réflexion omniprésente sur une vie au ralenti observée par des spectateurs du temps qui passe, sur la durée et la décrépitude des

51. *Ibid.*, p. 78.

êtres et des choses. Et l'artiste de s'attendrir sur « les braves vieux qui, assis à l'ombre, sur la terrasse hospitalière, me suivaient d'un œil attentif et compatissant [...] à cette heure pénible de l'été qui invite à la sieste[52] ». Aux motifs s'associent la facture et l'intelligence picturale mises au service d'un pittoresque qui se souvient de Bonington : facilité de touche, pâte souple et glissante, indications rapides, instantanéité, lumière éclatante, effet dynamique résultant de la brillante utilisation de la couleur contrastant avec l'ombre. Il est à regretter que cette aisance et cette liberté d'exécution en tous points conformes aux vœux de Gilpin[53] s'expriment si rarement dans l'œuvre d'Étienne Martin.

Hormis Digne, Marseille et leurs environs, l'artiste témoigne une prédilection pour Sisteron dont il partage le sens pittoresque avec Robida et Maxime Lalanne (cf. *Le Rocher de Sisteron*, 1880, eau-forte, Bordeaux, musée des Beaux-Arts). Il aborde la vieille cité au bord de la Durance sous plusieurs angles, ignorant tout des sublimes visions fantomatiques laissées par Turner au cours des années 1830, en vue d'illustrer *Rivers of Europe*[54] ou du pointillisme dérangeant de Signac dans son tableau *Sisteron* exposé à la Société des artistes indépendants en 1903[55]. Il accommode son point de vue, s'approchant ou s'éloignant de l'entrée (*Vue de Sisteron*, **fig. 24, 35**), exploitant la ressource des troncs d'arbres abattus à la manière de Joseph Vernet et selon les recommandations de Levesque.

Pour compléter ce registre, il faudrait évoquer les natures mortes qu'Étienne Martin répartit en deux groupes, marquées par l'influence de Vollon, savamment bâties, dans lesquelles tantôt il cède avec un réalisme prudent au pittoresque d'antiquaire, au bric-à-brac d'atelier, ou bien dans lesquelles il transpose la peinture hollandaise visitée par Chardin, soulignant la perfection domestique, le luisant des cuivres. Là encore, un choix significatif s'opère dans les objets à imiter. Ce que dit la description, c'est le goût du foyer où le moi se concentre, la sécurité d'un intérieur si immuable que le temps est sans prise sur lui.

Naturalisme

Comment, malgré ces archaïsmes, Étienne Martin s'inscrit dans le naturalisme, c'est ce qu'il nous faut maintenant démêler. La tendance générale du moment avec laquelle l'artiste compose, le milieu dans lequel il peint et expose est naturaliste et cette influence imprègne manifestement sa création. Il était, en effet, difficile d'ignorer l'invasion, dans les vingt dernières années du XIXe siècle, de ce courant inséparable de l'école littéraire et de Zola, l'émergence de cette esthétique nouvelle englobant paysage et vie contemporaine, qui veut libérer l'art et niveler les genres, apportant une solution à la grande querelle sur le sujet qui ne laisse pas notre artiste indifférent.

52. *Op. cit.*, 1921, p. 8.
53. « Un trait de pinceau peut être appelé libre quand il ne montre aucune apparence de contrainte. Il est hardi lorsqu'il peut faire prendre une partie pour le tout, en faisant imaginer ce qui manque. » William Gilpin, *Trois Essais sur le beau pittoresque*, 1792, rééd. Paris, Éditions du Moniteur, 1982, p. 23.
54. Cf. aquarelles et gouaches de Sisteron vers 1830 à 1836 n° 1010 à 1013 et 1450, catalogue des aquarelles de Turner par Andrew Wilton, 1979, Office du Livre, p. 427 et 483. En 1934, Étienne Martin intitule *Thurner et Turner* une anecdote dans laquelle on ne trouve aucune mention du passage de l'artiste anglais à Sisteron. (*Op. cit.* 1934, p. 86).
55. Cf. *Gazette des Beaux-Arts*, XXIX, 1903, p. 457.

44. Jules Bastien Lepage
Les Foins
1877
Musée d'Orsay, Paris

45. Étienne Martin
La Moisson
Don de l'artiste en 1905
Musée Gassendi, Digne

46. Étienne Martin
La Moisson en Provence
Salon de 1891, n° 1126
Musée des Beaux-Arts, Marseille

47. Léon Lhermitte
La Moisson
Salon de 1874 - Dépôt de l'État
Musée de Carcassonne

48. Étienne Martin
La Moisson dans les Alpes
Don de l'artiste en 1910
Musée de Gap

L'« école du procès-verbal », comme l'appelle ironiquement le critique Paul Mantz, reflète un état d'esprit nouveau qui pénètre l'art des Salons et constitue le style dominant des grandes expositions internationales : fondée sur la réalité et l'observation, la peinture débarrassée du bitume, reproduit des personnages, des scènes réelles et des paysages. L'exécution enlevée témoigne d'une compréhension des valeurs et d'une analyse attentive des phénomènes lumineux. Bien qu'inavoués, les apports de l'impressionnisme sont interprétés dans le sens d'une peinture prodigue en coups de pinceaux négligents, ou en pâtes blaireautées sur lesquelles glisse une lumière souvent clinquante. La pose d'atelier ou l'attitude figée du modèle devant l'objectif photographique est désormais proscrite. Le plein air, la peinture par les valeurs claires, l'observation de la vie moderne sont utilisés pour rendre le naturel imprévu, restituer « la tranche de vie », saisir le trait caractéristique d'êtres de vérité respirant dans leur milieu réel.

Il faut rappeler le rayonnement considérable de Bastien-Lepage au cours de ces décennies. Ses succès au Salon de Paris et l'enthousiasme déclenché par l'exposition de ses œuvres à l'étranger suscitent un naturalisme international, accessible à tous, adapté à l'enquête sociale. La réussite fulgurante de cet élève de Cabanel, admiratif de Zola, tient à ce qu'il est parvenu à harmoniser les contraires, à concilier à la tradition académique les hardiesses des indépendants. « C'est l'impressionnisme corrigé, adouci, mis à la portée de la foule » écrit alors l'auteur de *L'Assommoir*. Actualisant Millet, Bastien-Lepage se veut le chantre de la paysannerie contemporaine, scrutée sur le vif dans son village natal de Damvillers, en Lorraine. *Les Foins*, Salon de 1878 **(fig. 44)** ; *Saison d'octobre : récolte des pommes de terre*, Salon de 1879 ; « deux pages où l'on a respiré le grand air », assurent une célébrité mondiale qui se répand jusqu'en Australie. Il convient d'associer dans ce nouveau réalisme rustique qui ne manque pas d'impressionner Étienne Martin, les exemples de Léon Lhermitte **(fig. 47)** et de Jules Breton, le « peintre paysan ».

La Provence, marquée par le courant parisien à la mode, réactive, avec l'aide du Félibrige, l'impulsion naturaliste de Loubon. À Marseille, Alphonse Moutte porte un regard ethnographique sur les milieux populaires, les scènes de la vie courante favorisées par le régionalisme militant et la franchise de ses formules lui vaut une reconnaissance quasi unanime. Son œuvre qui rassemble figure et paysage devient un outil moderne pour aborder le sujet comme la science. Directeur de l'école des Beaux-Arts en 1895, président de l'Association des artistes marseillais, il donne le ton général à la peinture locale. « Ces toiles que nous connaissons tous, qui retracent exclusivement des scènes locales et dont plusieurs sont devenues populaires, indiquent de patientes études, de spirituelles recherches des mœurs et des coutumes marseillaises. Imprégnées de l'ardente lumière du Midi, elles restent une des premières et des plus intéressantes tentatives en ce genre », note Étienne Martin[56].

56. *Op. cit.*, 1914, p. 23.

Avec sa conscience d'éternel disciple, notre artiste transpose, cédant à la gentillesse des arrangements, cette vie ensoleillée de la Provence. Ferdinand Servian relate à propos du *Relais* **(fig. 70)**, « ce brouhaha de la rue » : « C'est une toile fortement charpentée, pleine de détails d'une observation puissante. Sur la grand-place, la diligence coiffée de son énorme capote, s'est arrêtée devant l'auberge. Les grands chevaux efflanqués se dirigent, là-bas, vers la ruelle, accompagnés du garçon d'écurie, tandis que les bonnes gens avertis de cet évènement, apparaissent sur les balcons et aux fenêtres, regardant d'un œil curieux les voyageurs qui s'embrassent près d'un monticule de malles et d'ustensiles. Au premier plan, quelques enfants accourus contemplent béatement ce tableau. Dans le fond, une vieille paysanne emplit son aiguière à la fontaine, non loin d'un gendarme qui suit, lui aussi, les péripéties de cette scène encadrée de hautes maisons et contée d'un pinceau habile[57]. » La minutieuse description de chaque façade avec l'énumération des noms des commerces, les accents lumineux, les vieux à l'arrière-plan composent une scène de genre qui s'ordonne autour des détails signifiants. Mais le petit format des personnages, le souci de bien composer, l'attachement au narratif rendent hésitante la frontière entre pittoresque et naturalisme : la toile balance davantage du coté d'Engalière (*Vue d'Espagne. L'arrivée de la Diligence*, 1856, Paris, coll. Ambro Zeiger-Viallet), que de Moutte.

Nourri des impressions du dehors, rivé à la substance et à la forme, Étienne Martin n'a rien représenté ici que les choses les plus banales, mais son aptitude à se divertir des évènements quotidiens fait de lui un conteur qui s'identifie à l'anecdote qu'il illustre. Naturellement sincère dans ce qu'il peint, issu du peuple, il retourne au peuple et sait lui parler la langue qu'il comprend. Dominant le désordre des bagages, le gendarme peint d'après nature comme s'en vante l'artiste[58], est plus qu'un témoin anodin. Rappel du garde-champêtre qui surveille *Les Glaneuses*, 1854, de Jules Breton (Dublin, National Gallery of Ireland), c'est la présence discrète de l'autorité, crainte des campagnes, rempart à une éventuelle discorde. Cette œuvre qui semble un pur bavardage produit l'équivalent pictural d'un texte ethnographique ou d'une réflexion sur le milieu rural. La bonhomie dignoise a trouvé en Étienne Martin son représentant.

À l'encombrement du *Relais* s'oppose la vacuité du *Courrier* **(fig. 50)**. Un grand espace libre succède à la place de village fermant la scène : cette plaine aride se conforme à la vision provençale désertique de Loubon **(fig. 14, 15)**. L'image repose sur une stratégie de fuite : tournant le dos au spectateur, un cantonnier regarde filer une diligence sur la perspective d'une route. Des tensions ambiguës, plus subtiles que la trop évidente dialectique statique/dynamique, animent ce paysage plat, ouvert et monotone : le mouvement du cantonnier et le décalage dans la position de ses pieds s'accordent plus qu'ils ne contrastent avec le trot du cheval roux entraînant la voiture. La violente ombre portée déformée et la direction biaise dynamisent la brouette

57. Ferdinand Servian, "Statuettes, Études d'Art Provençal", *La Vie provençale*, août 1899, n° 9, p. 231.
58. *Op. cit.*, 1915, p. 48.

49. Étienne Martin
Le Cabaret de Gaubert
1889
Musée Gassendi, Digne

50. Étienne Martin
Le Courrier
1900
Musée Gassendi, Digne

51. Étienne Martin
À la Brillanne, la diligence
Collection particulière

52. Étienne Martin
Le Cabaret de Gaubert
Collection particulière

53. Étienne Martin
La Diligence
Daté *91*
Musée Gassendi, Digne

54. Étienne Martin
Le Cantonnier
Don de l'artiste en 1922
Musée Gassendi, Digne

55. Étienne Martin
La Brouette
Don de l'artiste en 1922
Musée Gassendi, Digne

56. Étienne Martin
Campagne au clair de Lune
1870
Musée Gassendi, Digne

à l'arrêt, dont la roue fait système avec celles de la patache. Le cavalier au loin se confondant avec les valeurs claires de la route, sous-dimensionné par la voiture, marque un relais optique, sert d'étalon à la distance à parcourir et perturbe la triangulation des motifs prenant appui sur le point de fuite principal.

Cantonnier, brouette, patache ont fait l'objet d'études séparées **(fig. 54, 55)** dans lesquelles l'artiste campe ses modèles et analyse les contrastes lumineux. L'homme en pleine action paraît télescoper *Les Casseurs de pierre*, 1849, de Courbet ; dans son refus de poser devant l'objectif, de communiquer avec le spectateur, il est saisi dans sa vérité, comme une tranche arrachée à la vie. N'était l'inconsistance de la touche, l'œuvre offre une brillante démonstration qui n'a rien à craindre des hardiesses spatiales de Bastien-Lepage. La présence du cavalier à mi-chemin convergeant vers la diligence trouble l'ordre directionnel, renforce l'extension de la perspective vers l'horizon, tandis que l'étirement de cette interminable route concurrence la dilatation du site. L'audace vient aussi de ce que le regard du spectateur oscille inconfortablement entre premier et arrière-plan, évoquant « l'étrange dichotomie du proche et lointain » des chefs-d'œuvre naturalistes, *Les Foins* ou *Saison d'octobre*. Comme chez Bastien-Lepage, le personnage suscite une tension avec le panorama. Ce malaise est aggravé par la dissonance chromatique ciel / terre, la répartition brutale des chauds et des froids, la lumière égalisée sans concession, la composition déportée à gauche, tandis que le vide essentiel du paysage reflète le vide au centre du moi qui menace de dévorer l'être.

De ce vide, ferment de nouveauté naturaliste, témoigne encore *Le Pré-de-Foire à Digne* **(fig. 36)**, page paradoxale, sans doute une des meilleures de l'artiste. L'apparente tranquillité de la *veduta* masque ici l'ambivalence d'Étienne Martin, tiraillé entre lumière et espace.

Un éclairage doré de fin d'après-midi accroche finement les arêtes de l'architecture, nivelle hommes et objets dans une même ambiance, fait passer les ombres portées des façades dans le ciel, unit la poussière aux nuages. La profusion de signes restitue l'objectivité photographique du spectacle et empêche l'œil de choisir : le piédestal en pleine clarté de Gassendi attire le regard, mais cet accessoire secondaire ne saurait constituer un point focal, d'autre part, la statue du philosophe s'anéantit dans les valeurs des frondaisons. Les entrelacs de la balustrade, simple élément décoratif, ont préséance sur l'alignement des maisons, le clocher qui domine est mangé par la végétation, les joueurs de pétanque au milieu de la place, trop petits pour former un motif central, voient leur échelle réduite par la flaque d'eau qui s'étire, stagnante et miroitante. La vieille femme qui descend l'escalier est marginalisée dans la page… Célébrés par la lumière, tous les éléments du réel, même les plus communs, entrent en concurrence et s'annulent réciproquement. Ayant assimilé la double leçon contemporaine du naturalisme et de la photographie, Étienne Martin enregistre, témoigne, énonce. Il limite sa peinture à une traduction directe de son observation. Derrière l'écriture méticuleuse, c'est la qualité d'atmosphère d'une petite ville de province qu'il recherche. Mais elle est mise en rivalité avec les mécanismes spatiaux. Pour ce témoin distancié du spectacle, la mise à plat des objets s'effectue en sur-dimensionnant le premier plan, plat et vide de toute action. Il est singulier d'observer comment les accidents visuels s'articulent autour de ce vide que la perspective dilate, mais que perce ironiquement une banale flaque d'eau, œil *brunelleschien* de la *veduta*, reflétant l e ciel.

Loin de s'offrir d'emblée dans une narration superficielle, c'est une lecture complexe, faite de retraits, proposant un démontage subtil, qu'organise *Le Pré-de-Foire à Digne* **(fig. 36)** avec sa sympathie pour la vie familière. Si l'œil saisit immédiatement les objets et restitue dans son ensemble le tableau vivant, la sensibilité de l'artiste observe les formes, mais sans engagement, se refusant à interpréter. Au-delà du réel, la réalité de l'image se situe dans ce débat lumière/espace qui ne parvient à aboutir, si représentatif du naturalisme contemporain.

Le regard de la presse contemporaine

S'agissant de la fortune critique du peintre, il conviendra d'opposer à la prolixité d'une presse provençale complaisante le faible intérêt des Parisiens à l'égard d'une production anecdotique et locale, conçue pour l'agrément. À Marseille, Louis Brès et Ferdinand Servian sont les deux principaux défenseurs de l'artiste. Louis Brès, un ami de la famille, qui profita notamment de son hospitalité, est le premier en 1879 à porter son attention sur « M. Étienne Martin, un tout jeune homme, qui a exposé en outre de remarquables natures mortes ». Le critique suit ses progrès, notant ses intérieurs d'écuries : « une exécution vigoureuse, d'une belle couleur, et d'une bonne entente de l'effet lumineux (*L'Art*, 1880, p. 19), ou *L'Automne dans les Basses-Alpes* où il décèle « les promesses d'un talent de paysagiste » (*Le Sémaphore*, 19 mars 1882).

Au cours des années 1890 qui témoignent de la maturation d'un style – désormais réfractaire à toute évolution – les articles de Brès épaississent et insistent sur l'aspect narratif de la peinture. « M. Étienne Martin nous ramène dans les Basses-Alpes et nous avons plaisir à l'y suivre, car nous y retrouvons, étonnamment conservée, la physionomie de nos petites villes de Provence du temps jadis. *Le Courrier*, c'est, sur une placette de Digne, devant l'auberge aux volets verts, aux murs fraîchement récrépis où se lit l'enseigne naïve, l'antique diligence jaune, avec sa bâche poussiéreuse, ses paquets épars sur le sol, ses rustiques voyageurs. Oui, je la connais bien, cette vieille guimbarde où, les pieds enfouis dans la paille, la tête à la portière, j'ai été secoué par les routes rocailleuses, à travers d'abrupts paysages et de pauvres villages. Humble et naïve nature bas-alpine, mais de si franche, de si agreste saveur ! L'antique diligence jaune, sous ce pan de ciel bleu, me dit tout cela, et j'en sais gré à mon jeune ami Étienne Martin. (*Le Sémaphore*, 3 juin 1893).

Le changement de sujet suscite, l'année suivante, une nouvelle description : « Notre Vieux Port qui a fourni déjà tant de motifs aux peintres depuis Joseph Vernet a inspiré cette année plusieurs jolies toiles. Je n'aurais garde d'oublier les deux excellentes pages de M. Étienne Martin : *Marseille par une matinée d'hiver* et le *Quai de Rive Neuve à Marseille* **(fig. 57)** L'une et l'autre sont des vues de l'intérieur du Vieux Port. Le jeune artiste a supérieurement tiré parti des éléments pittoresques mis à sa disposition. Les vieilles maisons de la place au Huiles, l'étalage de la fruitière, les charrettes lourdement chargées, le va-et-vient des passants et sur le côté, la forêt de mats galipotés dont les flammes roses claquent au vent, tout s'arrange fort spirituellement dans la plus grande de ces toiles. L'autre, d'assez petite dimension en même temps qu'elle témoigne d'une extrême facilité, nous charme par les qualités de la couleur, chaude et fine et l'éclat de la lumière. C'est une *Vue du Vieux Port* **(fig. 59)** prise du pont du bassin de carénage, avec la perspective du quai de Rive Neuve et comme fond les maisons de la Canebière dominées par la double flèche de l'église des Réformés. Un bien joli motif et un joli talent. » (*Le Sémaphore*, 9 juin 1894). Puis le journaliste remarque : « La région des Basses-Alpes a, en M. Étienne Martin, le plus fidèle des interprètes. *Les Vendanges* avec leurs petits personnages dans les pampres, leurs charrettes débordantes de raisins, tout le joli train des vendanges provençales, font vraiment plaisir à voir. » (*Le Sémaphore*, 6 juillet 1895).

En 1913, après avoir trouvé à *Village des Basses-Alpes* « aux petites masures baignées d'ombre, le charme naïf d'un Ostade », Brès conclut : « C'est vraiment un maître paysagiste que mon jeune ami Étienne Martin et si modeste ! » (*Le Sémaphore*, 2 avril 1913). L'année suivante, il associe dans le même hommage l'artiste et son père : « Nous voici donc en pleine nature provençale et nous pourrons nous y complaire longuement grâce aux nombreux envois de nos paysagistes. Le dévoué président de l'Association, M. Étienne Martin, leur donne d'ailleurs l'exemple. Il ne fait, en cela, que suivre la tradition paternelle et demeure fidèle à la région des Basses-Alpes, comme le fait l'excellent aquarelliste Paul Martin. Nous avons de lui une grande toile, l'*Automne* [véritable titre *Campagne au clair de Lune* **fig. 56**], site abrupt et désert aux broussailles roussies, éclairé à contre-jour sous un amoncellement de nuages d'un effet impressionnant. Une autre toile plus petite, *Soir d'été*, nous montre d'harmonieux massifs tout baignés de lumière d'or. Il y a dans l'une et l'autre de ces toiles, dans la petite comme dans la grande, l'émotion qui se dégage des beaux spectacles de la nature, émotion que l'artiste a eu le secret de fixer sur sa toile pour nous la faire partager. » (*Le Sémaphore*, 4 mai 1914).
Dans d'autres articles du *Sémaphore*, Ducros observe : « Il y a dans *La Moisson* de Martin une virtuosité qu'on ne rencontre pas habituellement chez un jeune homme, celui-ci a d'ailleurs été à bonne école et on retrouve dans sa toile un peu du brio de Vollon. » (4 juin 1885). Puis : « Quant à M. Étienne Martin c'est un peintre habile et qui marche dans la voie du succès. Il observe la perspective avec scrupule et sait rendre la nature en l'embellissant, ce dont on ne peut la plaindre. » (12 mai 1889) ; enfin Ducros s'attarde sur la

toile qui attire les badauds dans la vitrine du marchand marseillais Collé : « C'est la *Vue du quai de la Fraternité* **(fig. 55)** par Étienne Martin. On devrait plutôt l'appeler *Vue du Vieux Port*, car le peintre a fait revivre sur sa toile le commencement du quai de Rive Neuve avec le mouvement de ses travailleurs et le va-et-vient de ses charrettes, le tout noyé dans une ombre discrète qui adoucit la crudité des tons. Le soleil lèche le bord du quai et va se faufiler entre les navires ancrés dans les eaux du vieux port. Ces eaux habituellement grises ont retenu un coin de ciel bleu. Contre la palissade Sainte-Anne sont rangés les bricks, les trois-mâts aux coques sombres et, au milieu de ces navires habillés de goudron, se balance un yacht coquet. Sa fine carcasse blanche relevée de filets d'or se mire dans le lac bourbeux et fait, parmi tous ces bitumes, une tache pleine de gaieté. Plus loin, c'est le bas de la Canebière, le quai de la Fraternité, avec ses flots de maisons jaunâtres. L'église des Augustins, parmi ces murailles culottées, dresse les contours sinueux de sa façade fardée, tandis que son clocher doré par le soleil se perd dans l'azur. Encore plus loin, la rue de la République se perd dans le gris lilas de l'horizon et, à travers les fines mâtures des trois-mâts, se devinent les maisons blanches du quai revêtues d'une résille de cordages qui met sur ces masures comme une large voilette noire.
Tout cela est rendu avec conscience par le peintre de *La Moisson* qui n'a pas craint d'aborder là un genre nouveau pour lui et hérissé de difficultés. Les moindres détails sont polis avec amour et le tableau est poussé autant qu'il peut l'être. Nous ferons toutefois une réserve pour les personnages des divers plans qui paraissent à certains endroits s'écarter un peu des proportions. » (8 janvier 1890).

"Statuettes, études d'art provençal", l'article de quatre pages que consacre en 1899 Ferdinand Servian à Étienne Martin dans *La Vie Provençale* – le plus important semble-t-il publié de son vivant – constitue un moment fort de sa carrière. Le critique retrace le parcours officiel de l'artiste fidèle au Salon des Champs-Elysées où il s'est classé hors concours depuis 1890. Après avoir énuméré la liste des musées français conservant ses toiles, Servian vante les qualités de l'œuvre : « morceaux complets, extrême sincérité dans le rendu, grande habileté manuelle ». Le vérisme photographique des paysages lui suggère : « C'est la nature même qui pose devant lui ». Puis il évoque la diversité des thèmes abordés : « Ses vues des Basses-Alpes, fraîches et lumineuses, qu'une récente exposition du Cercle artistique a fait défiler sous nos yeux, ses intérieurs de fermes, ruches vivantes où villageois et villageoises vont et viennent, ses paysages d'automne aux tonalités mordorées, ses vendanges notamment, d'une coloration si vraie que la réalité peut leur paraître inférieure, ses routes larges et poudreuses dormant sous le baiser brûlant de l'été, ses coins de nature découverts aux hasards des chemins et aussi ses coins de quais, grouillants de détails avec leur monde de navires, au loin, sur les eaux profondes et prismatiques. Mais il faut citer *L'Entrée du port de Marseille* **(fig. 61)**, avec le Fort Saint-Jean dressant sa

57. Étienne Martin
Le Quai de Rive Neuve à Marseille
Vers 1899
Musée des Beaux-Arts, Marseille

58. Étienne Martin
Le Quai de la Fraternité à Marseille
1904
Musée de Pau

59. Étienne Martin
Marseille par une matinée d'hiver
Salon de 1894
Collection particulière

60. Étienne Martin
Le Port et la place aux huiles
1894
Collection particulière

60. Étienne Martin
L'Entrée du port de Marseille
Vers 1896
Musée des Beaux-Arts, Marseille

61. Étienne Martin
Port de la Joliette à Marseille
1905
Collection particulière

tête altière, les vapeurs aux flancs bariolés sillonnant le port et, là-bas, s'estompant dans le lointain, le clocher des Accoules et la silhouette de la ville. »

Les autres organes de presse régionale ont signalé les envois d'Étienne Martin. *Le Petit Marseillais* adresse quelques rapides remarques entre 1889 et 1924 observant au Salon marseillais de 1894 : « É. Martin occupe le panneau du fond par deux grands tableaux dans sa manière habituelle. Des tons de rouille trop répandus gâtent son *Soir de Vendanges*. Sa *Matinée* est bien plus agréable, mais ce qui vaut encore mieux, c'est sa toute petite étude prise dans les Basses-Alpes, claire, limpide, d'une plus grande finesse de touche et de tons. » (4 avril 1894) ; puis en 1898 : « M. E. Martin s'est voué aux Alpes et au port de Marseille ; de ces trois envois je préfère sa *Foulaison* d'un ton chaud et blond très agréable ; il donne très justement l'impression d'une lourde journée d'été. Son *Vieux Port* est grassement peint dans une gamme un peu personnelle au peintre. » (10 avril 1898). Antoine Paillès signale les excursions « si fructueuses dans les Alpes » (*Le Petit Marseillais*, 27 avril 1903). Elzéard Rougier prend le relais en 1912 : « Étienne Martin dans *Un soir d'automne* s'abandonne aux rousses mélancolies de l'auguste saison ; c'est là une large impression d'artiste pensant. » (*Le Petit Marseillais*, 12 mai 1912) ; puis il note en 1914 : « *L'Automne* et *Soir d'été* d'Étienne Martin ont quelque âge. Cela les éloigne, les patine sans les vieillir. Ce sont des œuvres désormais classées parmi celles d'un Musée consciencieux ou d'un Salon où l'on sélectionne. » (*Le Petit Marseillais*, 5 mai 1914).

Après la guerre, Serge Bourreline signale : « M. Étienne Martin, le distingué Président de l'Association – à tout seigneur tout honneur – nous présente trois toiles de dimension : *Le Vieux Port* puis une *Fenaison* et une *Fenaison* très lumineuse. Dans la première, l'artiste nous montre des qualités que nous lui connaissons déjà. Les deux autres sont de très belles compositions, exécutées semble-t-il pour nous convaincre que son pinceau n'a rien perdu de sa souplesse et de son agilité. Bêtes et gens ont été étudiés avec conscience et dessinés sur le vif, puis habilement groupés » (*Le Petit Marseillais*, 19 mai 1923) ; puis « M. Étienne Martin, le si aimable président présente un fort joli *Coin du Vieux Port* et un grand tableau *Ferme de Provence* où s'affirment les brillantes qualités de ce disciple fidèle du regretté Vollon. Le peintre a traité ce thème charmant avec de savoureux détails d'une étrange précision. » (*Le Petit Marseillais*, 24 mai 1924).

À son tour, *L'Écho des Bouches-du-Rhône* remarque : « L'intérieur de cuisine [...] d'une touche large, liquide, vollonienne, manquant certainement de personnalité, mais intéressant et magistral. *Route des Alpes* vivement et franchement peinte, est d'une couleur limpide et claire ; quant au *Quai de Rive Neuve* c'est une étude très enveloppée d'un faire large dans la gamme des gris » (13 novembre 1898). Alain d'Aix constate : « Étienne Martin est un artiste au travail facile, il peint largement, dessine très correctement et consciencieusement, sait supérieurement établir ses motifs de paysages.

Sa couleur un peu alourdie par un excès de ton gras et courants est néanmoins vraie. Les sites qu'il traduit sont toujours exactement rendus et cette couleur locale donne un grand charme à ses tableaux ; c'est un peintre de montagne accompli, sa *Route de Volonne* et son *Pré de Sisteron* sont magistralement peints, dans ce dernier le ciel, surtout, est remarquablement traité » (*L'Écho des Bouches-du-Rhône*, 25 mars 1900). Art-Thémis note au Salon aixois de 1906 : « Le Président de la Société des amis des arts a été bien inspiré en laissant figurer dans cette exposition deux toiles d'Étienne Martin, ce brillant élève de Vollon. *La Cathédrale de Marseille* **(fig. 61)** est habilement peinte et l'eau de l'avant-port incomparablement belle et bien mobile ; quelle remarquable dextérité dans cette facture grasse et combien tout cela est dessiné et bien en place. Nous connaissons sa *Moisson* déjà vue. » (*L'Écho des Bouches-du-Rhône*, 6 mai 1906).

Signalons encore la *Gazette du Midi*, où Adolphe Meyer observe « M. Étienne Martin offrant un paysage, plein d'éclat, *La Moisson*, qui rappelle une étude de Vollon ; M. Martin peut se permettre d'être lui-même. » (11 juin 1886). À l'Exposition des amis des arts d'Aix-en-Provence, Louis Gautier note en 1900 : « Voici un peintre à l'exécution facile, au dessin précis et à la facture ample ; ses motifs de paysages sont toujours bien présentés et franchement peints. » (*La Provence illustrée*, 15 mars 1900), propos repris par Argus : « M. Étienne Martin est un peintre à l'exécution facile, il présente d'une façon parfaite et dessine minutieusement les paysages alpins, dont il s'est fait une spécialité ; sa facture a de l'ampleur, et sa couleur vibre dans la note claire. » (*La Provence nouvelle*, 1er avril 1900) ; tandis que Pierre Berriat s'exclame : « Voilà Étienne Martin. De bonnes toiles dont M. Durand Mille pour Aix a le dépôt. *La Fontaine à Digne* **(fig. 67, 68)** résume toutes les qualités de cet artiste très connu et très apprécié. (*Le Franc-Parleur*, 31 mars 1900). Au Salon toulonnais de 1905, *Art et Soleil* remarque « *Le Pré-de-Foire à Sisteron* et les *Bords de la Durance*, d'une exquise ténuité de facture et d'une séduisante harmonie » (31 janvier 1905), tandis que le *Mémorial d'Aix* trouve « La *Cathédrale de Marseille* éblouissante de lumière » (20 mai 1906).

De la monotonie de ces louanges ressortent quelques traits inlassablement répétés : peintre habile, travail facile, touche onctueuse, dessin consciencieux, détails précis, lumière limpide. À une époque où, au Salon des artistes français, s'étalent platitudes et médiocrités stigmatisées par une fraction compétente de la critique, il n'y a pas lieu d'être surpris par la complaisance des Provençaux. Respectueuse d'une tradition académique malmenée par les audaces de l'avant-garde, la presse régionale se trouve rassurée par l'application du dessin, la convention des formes et de la composition, les indications arrêtées qui modèlent les volumes. Pour elle, une harmonie claire – mais creuse et sans force – tient lieu de lumière limpide ; les empâtements lourds et les couches crémeuses font oublier l'inconsistance de la touche ; l'emploi de la perspective et l'éloignement des plans équivalent à la maîtrise des valeurs…

Quelques réserves émaillent toutefois cette hagiographie. La principale concerne la tonalité froide, inappropriée pour traduire la spécificité de la lumière provençale. Au Salon marseillais de 1893, « l'Homme blanc » cite « *Le Vieux Port à Marseille*, d'une habileté à rendre rêveur, mais d'une coloration trop grise et blanchâtre ; quant à son *Courrier*, c'est le frère de sa *Diligence*, de l'année dernière ; et, n'aimant pas ce qui dégringole, je glisse sur ses qualités et ses défauts, tout en lui tenant compte de sa bonne exécution au point de vue du métier. » Cette année-là, Guigou reproche à l'artiste : « les Vollonistes se débattent dans les procédés enseignés. M. E. Martin donne un aspect beurré à tout ce qu'il représente ». En 1897, *Le Petit Provençal* remarque : « M. Martin a peint deux vues des Basses-Alpes, avec sincérité, mais sans se préoccuper de la tonalité générale du paysage » (18 mai 1897) ; et, deux ans plus tard, Fernand Herfray indique : « M. Étienne Martin nous présente deux toiles de Sisteron qui, quoique d'un bon dessin, me rappellent trop l'aquarelle, dans laquelle je le préfère. » (*Salon marseillais, critique analytique*, Marseille, Flammarion, 1899).

Même les thuriféraires du peintre admettent parfois ses limites. Ainsi, pour Brès en 1897, le talent d'Étienne Martin doit avant tout s'attacher à l'évocation des Basses-Alpes : « *Marseille, le matin*. Une vue des ports neufs, précise, claire, limpide, un peu froide peut-être. Pourquoi mon jeune ami Étienne ne revient-il pas à ces villageons des Basses-Alpes, dont il avait si bien rendu, non seulement la physionomie, mais je dirais même l'âme naïve et rustique ? » (*Le Sémaphore*, 10 mai 1897). Quant à Servian, il reconnaît en 1899 : « Sa brosse manque par endroits de force et son ton de chaleur ». (*La Vie Provençale*, août 1899, p. 228).

Pour ses envois au Salon de Paris, Étienne Martin mit à profit, dès ses débuts, l'ascendant de Vollon et l'efficacité du réseau paternel, notamment ses affinités avec le marchand Binant. Il bénéficia aussi de la protection de Léon Gauchez, l'important directeur de la revue *L'Art* publiant sous le pseudonyme de Paul Leroi, et à qui le baron Alphonse de Rothschild – par ailleurs donateur des musées de Digne, Cannes et Menton – confiait ses achats au Salon. Leroi signale en 1887, *La Casbah*, « une étude pleine de ragoût, étincelante de lumière » (*L'Art*, 1887, tome XLIII, p. 39), alors que Grinsel dans Gil Blas indique : « *La Casbah* de Martin semble casquée sur la nature même. Ce pittoresque petit tableau est d'une délicatesse de pâte que n'a jamais dépassée Fromentin » (3 juin 1887). En 1889, prenant exemple sur *Le Cabaret de Gaubert*, Leroi estime que pour Étienne Martin, « la lumière n'a plus de secret » (*L'Art*, 1889, tome XLVI, p. 198). L'année suivante, *Le Relais* **(fig. 70)** est reproduit dans la prestigieuse revue d'après un dessin autographe de l'artiste, tandis que Félix Naquet trouve « l'œuvre intéressante, curieusement construite, avec des tons blancs et blanchâtres de diverses valeurs, mais d'un effet d'ensemble qui donne par trop l'impression d'une vaste aquarelle ». (*L'Art*, 1890, tome XLVIII, p. 250). En 1892, Leroi met en garde le peintre contre sa facilité : « Un jeune artiste dont j'ai suivi avec attention l'intéressante marche en avant, M. Étienne Martin qui a été à bonne école – il est élève de M. Vollon – me satisfait moins cette année. Son *Allée des Saules* se compose à souhait ; c'est grand dommage qu'il l'ait brossée si négligemment ; le charmant tableau qu'il eût dépendu de lui de peindre ! La facture de sa seconde toile laisse aussi à désirer – Trop de facilité. L'artiste est entraîné à en abuser. » (*L'Art*, 1892, tome LII, p. 254). Mais il lui rend de nouveau hommage l'année suivante : « Deux jeunes Marseillais qui font honneur à l'enseignement de M. Antoine Vollon, absent malheureusement du Salon, M. Joseph Garibaldi et M. Étienne Martin, doivent l'un et l'autre à leur maître, une facture large, bien franche, lumineuse. Vous prendrez plaisir à étudier [...] la façon dont M. Martin a brossé *Le Courrier à Digne*, ville où M. Paul Martin, son père, très habile aquarelliste, possède une charmante retraite campagnarde et veille sur les progrès du Musée, dont il est l'intelligent fondateur. (*L'Art*, 1893, tome 1, p. 203). Évoquant les achats au Salon, Leroi milite en faveur de l'artiste : « L'État ne les achète-t-il point, pas plus que les meilleurs paysages du Salon, ni que les toiles de jeunes gens animés d'un sincère amour de l'art et s'y consacrant avec acharnement au fond de leur province tels ces deux Marseillais élèves de M. Antoine Vollon qui s'attachent chaque année à prouver par leur sérieux progrès l'exceptionnel mérite de l'enseignement d'un tel maître. [...] On doit au second *Le Courrier à Digne* et *Dans la Casbah à Alger* **(fig. 63)** qui se recommandent également pour la parfaite entente du tableau, et des sérieuses qualités d'exécution. Nous revenons à dessein sur ces deux artistes provinciaux que nous avons déjà signalés ; il est utile d'insister à leur égard, le public étant trop enclin, par crainte de paraître ignorant à n'accorder de valeur qu'aux peintres que célèbrent bruyamment de pompeuses réclames parisiennes la plupart du temps intéressées. » (*Ibid.*, p. 235). En 1894, Leroi signale avec fierté que son protégé est hors concours : « Il se présente cette année avec le *Quai de Rive Neuve*, à Marseille, et *Marseille par une matinée d'hiver*. Le premier n'est qu'un tableautin, ce qu'en termes d'atelier on appelle un tableau de commerce. Le second, dont M. Étienne Martin nous envoie, pour le reproduire dans *L'Art*, un beau dessin, est très bien établi et l'effet en est juste. L'artiste doit seulement se défier de certains excès de facilité auxquels sa verve se laisse entraîner. » (*L'Art*, 1894, tome LVII, p. 163). Dans un bilan intitulé « La vérité sur les salons de 1898 et 1899, La peinture », Leroi n'oublie pas l'artiste : « En 1898, en nous montrant *Marseille*, sa ville natale, en 1899 en peignant *La Grande Fontaine à Digne* **(fig. 67, 68)**, où son père, le séduisant aquarelliste, a fondé un intéressant musée, M. É. Martin témoignait brillamment de l'excellence de l'enseignement d'Antoine Vollon, ce maître-peintre éminent enlevé trop tôt à ses nombreux amis, à ses non moins nombreux admirateurs. » (*L'Art*, 1900, tome 4, p. 1084). Puis, en 1904, Leroi met en cause le programme décoratif de la Caisse d'Épargne de Marseille confié à Henri Martin dont il désapprouve la facture moderne inspirée du pointillisme. Il suggère : « MM. Étienne Martin, Joseph Garibaldi et Théophile Decanis par exemple s'y emploieraient à souhait : leur ville natale n'aurait qu'à s'en

63. Étienne Martin
Dans la Casbah à Alger
Salon de 1893
Don de l'artiste en 1904
Musée Gassendi, Digne

64. Étienne Martin
La Ruelle Saint-Charles à Digne
Salon de 1880
Musée Gassendi, Digne

louer si elle se décidait à s'adresser à de bons peintres. Tous se sont, une fois de plus, très favorablement affirmés cette année à Paris : leurs envois aux salons sont ceux qui ont sérieusement intéressé les connaisseurs. Le *Quai de la Fraternité à Marseille* **(fig. 58)**, très bien établi dans la toile par Étienne Martin, se distingue en outre par l'habileté du faire et de précieuses qualités de coloristes. » Et pour donner plus de poids à sa recommandation, il ajoute : « M. Étienne Martin fut un des disciples favoris d'Antoine Vollon. » (*L'Art*, 1904, tome V).

Hormis ce brillant patronage, la revue de presse parisienne reste plutôt mince. Étienne Martin fait l'objet de quatre remarques dans *L'Artiste :* simplement cité par Frédéric de Syène (*L'Artiste*, mai 1880, p. 363), le peintre est apprécié par Émile Blémont pour son « lumineux *Cabaret provençal* » (*L'Artiste*, mai 1889, p. 379) et encensé par Jean Buisson pour qui *Le Relais de la diligence* mérite en 1890 une place au Musée du Luxembourg (voir *infra*). La correction académique de l'œuvre est prétexte à critiquer la manière néo-impressionniste de l'homonyme Henri Martin dont la célébrité montante est insupportable à Buisson (*L'Artiste*, juillet 1890, p. 324, 325). Enfin, Raymond Bouyer note : « C'est le Midi marseillais qui chante sous la palette lactée d'Étienne Martin » (*L'Artiste*, mai 1898, p. 159). Dans *Gil-Blas*, Henri Fouquier signale : M. É. Martin : *Un coin de rue en Provence [La Ruelle Saint Charles à Digne*, **fig. 64**], nous fait voir un de ces amas de pierres que les Provençaux entassent volontiers et laissent volontiers tomber en ruines, pour la plus grande joie des amateurs de pittoresque. Le dessin de ce paysage est fort intéressant. Malheureusement le ciel est d'une crudité féroce. L'intensité du bleu rend les maisons noires, ce qui existe, je le sais. Mais ces duretés de tons sont tempérées par des vibrations de lumière dans l'air, au soleil, et par des ombres claires, qui font ici défaut .» (1er mai 1883). Rénardou considère l'artiste « toujours un peu froid dans sa couleur » (*La Revue des Beaux-Arts*, 1892, p. 325). *Le Monde Universel* le cite en 1893 et Firmin Javel qui fait reproduire *Marseille par une matinée d'hiver* dans *L'Art Français* loue cette « excellente étude de la vie et du mouvement du quai et du port de Marseille, en hiver, c'est-à-dire par une température qui nous paraît estivale, à nous autres gens du Nord, sauf toutefois, les jours de bourrasques et de tempêtes exceptionnelles. Comme exécution, un peu de la fougue coloriste de M. Vollon, et beaucoup de l'improvisation personnelle… à M. Martin. » (*L'Art Français*, n° 403, 12 janvier 1895, p. 9). En revanche, et sans tenir compte des critiques liées à un courant précis ni des écrivains amateurs d'art – Zola, Goncourt, Huysmans, Laforgue, Mirbeau… – aucun des grands ténors de la critique de cette période – Charles Ephrussi, Louis de Fourcaud, Gustave Geffroy, Alphonse Germain, Louis Gonse, Alfred de Lostalot, Paul Mantz, Roger Marx, Camille Mauclair, Albert Wolf – n'a prêté attention aux envois d'Étienne Martin.

III. ÉVASION ET NOSTALGIE

Par son inspiration étroitement provençale, sa fidélité au terroir, sa défense des traditions, l'œuvre d'Étienne Martin est indissociable des préoccupations exprimées par Mistral et par le Félibrige auquel appartient son père. Elle s'inscrit d'emblée dans le "régionalisme" – mot créé en 1874 par Berluc-Perussis, poète et disciple de Mistral – qui bouillonne un peu partout à la fin du XIXe siècle : en témoigne à Digne, en 1896, le discours inaugural de l'abbé Richaud succèdant à Paul Martin à la présidence de la Société scientifique et littéraire des Basses-Alpes. Son texte, *Le Régionalisme*, revendique « le culte du sol natal », « la pureté de la race » – « être gavot, c'est une force » – exalte la trilogie blé, vigne, olivier. Dans la passion qu'il voue à son pays, il déclare : « Examinez la place Gassendi avec des yeux d'artiste, comme Étienne Martin, et vous ne direz pas que cette place est banale. Allez avec Paul Martin contempler un coucher de soleil dans la vallée de la Bléone, et vous ne serez plus surpris que ce peintre s'inspire de ce spectacle pour composer des ravissantes aquarelles. – Aimons notre pays, je le répète encore, admirons-le[59]. » C'est cette thématique faite de nostalgie mais aussi d'évasion qu'il convient maintenant d'aborder chez cet artiste qui essaie de se consoler de la perte d'un monde immuable.

La vision mistralienne

Avec la fondation du Félibrige en 1854, Mistral avait assigné au renouveau de la langue provençale la mission de renforcer l'identité du Midi face à la centralisation parisienne. À l'égal de la poésie restaurée des troubadours, la peinture est un langage et doit participer à cette renaissance par ses images de la petite patrie, l'évocation de son passé, de ses coutumes et de son peuple. Dans ces préoccupations, quelques artistes ont précédé Étienne Martin. Avec Vincent Courdouan, un des premiers peintres félibres, l'artiste préféré de Mistral, le paysage est un puissant vecteur de l'identité régionale : l'azur hellénique, l'ordonnance classique, la voile latine au premier plan de la Méditerranée sont les signes récurrents qui font des Provençaux les descendants d'une race issue des Grecs **(fig. 65)**. Ailleurs, le peintre insiste sur les hauts lieux du Moyen Âge chrétien – la Sainte-Baume, Moustiers, Fontaine-de-Vaucluse, Evenos – et suggère à ses contemporains inclus dans ces spectacles, unis dans une fraternité sociale, que la Provence n'a jamais démérité de sa grandeur. Il amorce, le premier, le mythe d'une Provence idyllique, différente de la Provence réaliste de Loubon : cette terre arcadienne est un jardin d'agrément, propice au délassement des pêcheurs et des promeneurs, tandis que les cuirassiers sont estompés ou gommés du port de Toulon. On pourrait aussi établir un parallèle entre les paysages de Courdouan et ceux de Mistral dans *Calendal*, 1867, montrer comment, chez les deux auteurs, l'eau – Méditerranée, rivières, cascades,

59. *Bulletin de la Société scientifique et littéraire des Basses-Alpes*, tome 7 (1895-1896), p. 156.

65. Vincent Courdouan
Le Mourillon et la Rade de Toulon
1854
Régie culturelle régionale Provence-Alpes-Côte d'Azur

fontaines – est symbole de régénération s'opposant à la pierre infertile, négatif de la civilisation. Grand admirateur de Mistral, Paul Guigou nourrit l'obsession de la Crau traversée par Mireille, et ses paysages au cheval blanc évoquent les cavales du gardien Véran, peintes au même moment par Monticelli, tandis que *Mireio* inspire plusieurs toiles à Antony Regnier ou à Victor Leydet. Pierre Grivolas, directeur de l'école des Beaux-Arts d'Avignon, qui fréquente Mistral, Aubanel et Roumanille dans les réunions du Chêne-Vert, se fait le peintre de la « maintenance et des coutumes du terroir ».

À deux reprises, Étienne Martin exprime son enthousiasme à Frédéric Mistral. Le 29 décembre 1902, il lui offre un de ses tableaux pour le remercier d'avoir séjourné chez son père à Digne au cours de l'été. « Je profite avec joie de cette circonstance, Monsieur et cher Poète, pour vous exprimer de nouveau, la profonde admiration que je professe – comme tout bon Provençal – pour votre si pure gloire ». Dans la lettre qu'il lui adresse un an plus tard, à l'occasion de la mort de son père, il déclare : « Je n'oublierai pas, cher Monsieur, que votre séjour à Digne en 1902, votre flatteuse connaissance, vos aimables visites à St Martin, vos cordiales relations, ont été une des grandes joies de l'existence de mon Père. Je n'oublierai pas, non plus, que votre portrait, tous vos précieux souvenirs, l'ont entouré jusqu'à ses derniers moments : je les conserverai donc pieusement à double titre [...] Votre vie, cher Poète, est une longue ovation et notre Provence aimée vous emprunte son plus réel, son plus pur éclat. Que Dieu vous conserve indéfiniment à notre affection et à notre admiration[60] ! »

La tâche que le Régionalisme demande en premier lieu d'assumer, c'est de décrire et de connaître son pays. Si Mistral se livre à un quadrillage systématique de la Provence, Étienne Martin parcourt avec la même passion les Basses-Alpes et plus particulièrement son terroir aux environs de Digne : il en débusque tous les lieux-dits, en révèle les multiples aspects par tous les temps et en toutes saisons. La description géographique se double chez lui d'une précision géologique et botanique. Mais au territoire de la petite patrie s'ajoute l'esprit provençal dont témoignent traditions, travaux et fêtes.

De même que saisons, dates calendaires et fêtes religieuses scandent les activités villageoises, Étienne Martin élabore en janvier 1914 un « calendrier du paysagiste » dans lequel se définit tout un programme articulé sur les mois de l'année et nourri des souvenirs de la Bible, des Bucoliques ou des Fables de La Fontaine. Les principales étapes de la vie des campagnes y sont évoquées : mai, la floraison, les rogations ; juin, la fenaison ; juillet, la moisson ; août, la foulaison ; septembre, la cueillette des fruits ; octobre, les vendanges, les semailles, la transhumance, etc. Occasion sans doute, pour l'artiste, de récapituler inconsciemment les jalons marquants de sa carrière : *La Moisson*, Salon de Paris 1885 et

60. Lettres du 29 décembre 1902 et du 12 décembre 1903, conservées au musée Mistral à Maillanne.

La Moisson en Provence, Salon de Paris 1891 ; *La Foulaison*, Salon de Paris 1889 ; *Les Vendanges, Provence*, Salon de Paris 1895 ; *Soir de Vendanges*, Salon de Paris 1898 ; *Lendemain de Fête*, 1905, Marseille ; et d'annoncer les œuvres à venir : *La Fenaison*, 1923, Marseille ; *La Fête-Dieu à Digne*, Salon de Paris 1930. Ainsi, rythmé par les saisons, le travail du paysagiste s'associe étroitement aux lois de la terre dont il supporte la fatalité avec la même résignation pieuse que celui du paysan.

Il semble qu'à sa manière, Étienne Martin ait entrepris de compléter l'évocation des coutumes ancestrales amorcées par Loubon – et parfois Grésy – dans ses transhumances continuées par Simon et Jourdan, auxquelles s'ajoutent sporadiquement chez les paysagistes provençaux quelques scènes de la vie rurale : *Veille de la Fête de Pentecôte dans la forêt de la Sainte-Baume*, Salon de 1852, et la *Fenaison*, Salon de 1857, de Magy ; *Bénédiction des semailles*, Salon de 1865, de Régnier ; la *Saint-Éloi*, Salon de 1870, de Guindon ; *Bénédictions des mulets, la Saint Éloi en Provence*, Salon de 1878, de Rave ; ferrades de Marbeau, après celles de Loubon ; moissons de Nègre (1858), Gabriel (1865), Mayan (1894), Gagliardini (1897) ; fêtes villageoises de Paul Camoin et de Moutte ; bouillabaisses de Long (1860) et de Moutte ; lavandières de Guigou, Arlésiennes d'Isnard et de Rave ; cueillette d'olives de Montenard ; pâtres de Dellepiane… Sans doute, les Provençaux, pour autant qu'ils soient influencés par Mistral, suivent-ils, dans le sillage de Jules Breton, la mode contemporaine des *Paysanistes* bientôt réactivée par le naturalisme de Bastien-Lepage ou de Lhermitte.

Au contraire, l'adhésion d'Étienne Martin à Mistral – en qui il trouvera un maître à penser après la mort de son père – est inconditionnelle. En mars 1917, il devient secrétaire général du groupement Art et Régionalisme. Comme le poète, il croit à l'harmonie qui existe entre les hommes et leur terre, et, comme lui, il célèbre cet enracinement par l'expression de ses paysages, l'insistance sur les lieux chargés d'histoire, les scènes rurales, la vie religieuse, l'observation des types physiques de la "race" (*Le Cabaret de Gaubert*, *Le Relais*), l'attention au costume régional (coiffe traditionnelle dans *Lendemain de fête*).

Pour sa symbolique de la fécondité de la terre et de la valorisation du travail humain, la moisson figure parmi les images de la vie rurale qui ont le plus marqué l'imaginaire des peintres au XIXe siècle, de Léopold Robert à Jules Breton, de Millet à Léon Lhermitte, de Daubigny à Pissarro… Ce moment capital de l'épopée rustique inspire particulièrement Étienne Martin, parfois surnommé par la presse « le peintre de la moisson ». Dans *Pensées d'un paysagiste*, le peintre note : « Prépare tes ocres jaunes et tes pinceaux durs. Voici que, sous la voûte implacable, éclate la fanfare triomphante des blés dorés et crépitants. La campagne semble une belle blonde couronnée de gaze bleue : Azur et or !… Dépêche-toi, car la faucille est agile et les lourds épis joncheront bientôt le sol autour de ton chevalet ». Parmi les nombreuses toiles que lui ont inspiré ce sujet, il convient de citer *Bessancourt, la moisson*, 1884 ; *La Moisson*, Salon de 1885 ; *La Moisson en Provence*, Salon de 1891, Marseille, musée des Beaux-Arts ; *Les Meules* **(fig. 31)**, *La Moisson* **(fig. 45)**, *La Moisson dans les Alpes* **(fig. 48)**...

Cependant, à la différence de ses contemporains privilégiant en Provence l'activité humaine, tels Monticelli, *Le Repos des moissonneurs*, Marseille, musée Grobet Labadié ; Jules Magy, *La Moisson*, Marseille, musée des Beaux-Arts ; Eugène Fromentin, *La Moisson en Provence*, 1875, musée de Rouen ; Marie Caire, *La Moisson aux Sanières*, 1890, Musée de Barcelonnette, Étienne Martin donne au paysage le premier rôle. Dans *La Moisson en Provence*, 1891 **(fig. 46)**, il divise intentionnellement la toile en deux parties distinctes : à droite, une double perspective de meules rend compte du travail accompli, à gauche, le champ de blé intact attend l'intervention des paysans. Quelques taches vives signalent leur présence à l'horizon, tandis qu'une nuée de corbeaux voraces anime le ciel : promesse de pluie, la lourde masse nuageuse – à la Vollon – fait peser sa menace sur la moisson. « Il est midi. Le soleil plombe sur nos têtes. Il n'y a plus d'ombre. [...] Le jaune des blés mûrs est décoloré à force de lumière. Les blancs moissonneurs semblent des astres mouvants à force de clarté. Tout est blond, tout est chaud, tout est gai, tout est en or ! » écrit l'artiste en 1928.

Annonçant le subtil procédé spatial du *Courrier à Digne*, Étienne Martin fait éprouver la sensation de l'étendue en dilatant la perspective à l'infini dans une vue non cadrée. La montée du terrain, du premier à l'arrière-plan, combinée à la ligne d'horizon descendante, renforce cette impression. Ce paysage sans limite, privilégiant le ciel à la manière hollandaise, énonce la dérisoire condition humaine face à la toute puissance de la nature. Même si le peintre se montre maladroit aux envolées lyriques, l'animation des touches en relief, l'ondulation du sol, la houle des épis contrariant la direction des troncs d'arbres, la danse des meules, la course des nuages, donnent l'illusion d'un espace mouvant, sur lequel l'homme, réduit à quelques points minuscules, n'a pas de prise.

Élément indissociable de l'univers mistralien, la religion qui structure fortement la vie paysanne marque de son empreinte l'œuvre d'Étienne Martin dont la piété s'exprime fréquemment dans ses publications. La représentation des églises – témoignage d'un passé préservé de tout contact avec la modernité haïe – prend une part importante dans ses paysages, ses vues villageoises ou urbaines : Notre-Dame du Bourg, le cours des Arès et vue de Digne prise du musée, clocher Saint-Jérôme dans plusieurs versions du *Prè-de-Foire à Digne* ; la Major, les Accoules, la Vieille Major à Marseille ; églises de Courbons, Marcoux, Moustiers, Sisteron, Forcalquier, Lurs, Maussane, Puimoisson, prieuré de Ganagobie, commanderie des Taillades, près d'Eyguières, rue Pernelle à La Rochelle, Notre-Dame de Paris, calvaires à Gaubert, Marcoux, La Javie, cimetière de Marcoux… En juillet 1905, l'artiste devient membre de la Commission pour le classement des objets mobiliers de l'Église, alors que règne un climat anticlérical qui aboutit à la loi de séparation des Églises et de l'État (décembre 1905), bientôt déplorée par Maurice Barrès dans ses essais religieux (*La Grande Pitié des églises de France*, 1914).

En 1915, nostalgique d'un passé révolu, l'artiste se remémore les bateaux du Vieux Port de Marseille pavoisés « pour tous les saints du calendrier ». Il évoque les processions à Notre-Dame de la Garde à travers les ruelles décorées, pénitents, confréries, les oblats, « le clergé rutilant », les « belles chasubles », les « bannières enluminées et ces grands étendards soyeux qui se déploient au soleil ». « Les campagnards de Montolivet et des Aygalades sont tous là, ardents pèlerins autant que bons Provençaux. À tel point que les roches blanches et luisantes ont à jamais disparu et que le versant entier semble recouvert d'un gigantesque tapis grouillant et bigarré[61]. » C'est un spectacle équivalent qu'il représente avec *La Fête-Dieu à Digne* dont il brosse l'esquisse d'ensemble le 13 août 1918, n'exposant que tardivement, au Salon des artistes français de 1930, la toile définitive achevée avant 1921 **(fig. 66)**. Étienne Martin s'est livré à un travail de reportage méticuleux, en détaillant l'affluence des fidèles qui se pressent sur le parvis où, sous un dais empanaché, le prêtre accompagné de ses suivants, élève solennellement l'ostensoir, entouré de la foule des communiantes, des religieuses, des enfants de chœur et des pénitents. Le décentrage de la composition à droite intensifie l'animation que conforte l'anecdote de l'élégante en ombrelle, agitant son éventail, penchée sur la balustrade. Mais l'accord réussi des ors, des pourpres et des dentelles est affaibli par les teintes blafardes du premier plan. Une ferveur commune rassemble la population à la manière d'une conciliation universelle autour du divin ; identifiables par leurs vêtements, notables et gens du peuple s'unissent dans la cérémonie qui honore le saint sacrement. Il n'est pas interdit de penser que cette œuvre terminée au lendemain de la première guerre mondiale ait pu faire office d'ex-voto pour l'artiste.

Ce filon de scènes religieuses, dans lequel Étienne Martin concurrence le Vauclusien Victor Leydet, a débuté en 1905 avec *Lendemain de fête*, salué pour « son adresse rare, sa touche large et fluide[62] ». En 1912, Elzéard Rougier remarque *Jour de fête*, pris à Notre-Dame du Bourg à Digne : « L'artiste agissant campe un intérieur d'église "Jour de fête" où la solennité des émois religieux se promène tantôt neigeuse, tantôt diaprée, à l'entour d'une tâche de magnificence : le dais. Je ne m'arrête point aux détails précis, exquis, ni à la riche arabesque du dessin ; mais à l'instar du public, je savoure l'ensemble de cette composition imposante[63]. » Si la représentation de services célébrés à l'intérieur des églises dérive de Schnetz et de Granet au cours des années romantiques, la mode, réactivée par le naturalisme, ne s'est pas éteinte au début du XXe siècle : Lucien Simon obtient un vif succès à la Société Nationale des Beaux-Arts de 1908 avec *Cérémonie religieuse à Assise* (reproduit

61. *Op. cit.*, 1915, p. 15, 16.
62. *Le Petit Marseillais*, 23 avril 1905.
63. *Le Petit Marseillais*, 12 mai 1912.

66. Étienne Martin
La Fête-Dieu à Digne
Vers 1920 - Salon de 1930
Don de l'artiste en 1930
Musée Gassendi, Digne

67. Étienne Martin
La Grande Fontaine à Digne
Don de l'artiste en 1909
Musée Gassendi, Digne

68. Étienne Martin
La Grande Fontaine à Digne
1937
Musée Gassendi, Digne

dans *Art et Décoration* et la *Gazette des Beaux-Arts*), tandis que Saint-Germier se signale au Salon des artistes français avec *Départ de la procession* (Saint-Marc, Venise). Ce dernier est apprécié l'année suivante pour *Enfants de chœur* et Désiré Lucas pour *Procession en Bretagne*. En 1910, on remarque de Charles Cottet, *Cérémonie dans la cathédrale de Burgos*... Rempart contre le monde moderne et refuge face au travail de la mort et du temps, la religion, associée aux forces conservatrices, voire réactionnaires, est cet univers parallèle qui a le pouvoir de soustraire Étienne Martin à un présent dont il ne se sent en rien le contemporain.

Dans son culte mistralien de la régénération, le symbolisme de la fontaine n'a pas laissé l'artiste indifférent. Étienne Martin se montre sensible aux qualités rafraîchissantes de l'eau ; à sa musique lorsqu'il évoque « le doux glouglou de la fontaine voisine », considérée comme lieu de sociabilité villageoise : « on se rencontre à la fontaine, à l'église, à la promenade[64]. » N'oublions pas la place particulière que prennent ces édifices en Provence, signifiant la maîtrise de l'eau, élément indispensable à la vie, dans un pays marqué par la sècheresse du climat, ni leur fonction utilitaire essentielle avant l'arrivée de l'eau potable dans chaque foyer. Rappelons aussi que Digne-les-Bains doit au thermalisme sa renommée et sa prospérité au cours du XIXe siècle, lorsque la station bas-alpine développe ses équipements d'accueil et de soin pour curistes et touristes de passage. Symbole de perpétuel rajeunissement par ses eaux vives toujours changeantes, la fontaine encore investie de fonctions purificatrices dispense enfin l'eau du savoir. Aussi, l'hommage insistant rendu par Étienne Martin à *La Grande Fontaine à Digne* dont il multiplie les versions **(fig. 67, 68)**, ne doit-il pas nous surprendre. À cinquante années d'intervalle – entre 1887 et 1937 –, il observe le monument sous tous ses angles, au cours de l'automne puis de l'été, s'en rapproche ou s'en éloigne, l'inscrit dans un format horizontal ou vertical. L'élégance parfaite de l'édifice, la rigueur de ses colonnes doriques contrastant avec la fantaisie des frondaisons qui l'entourent, le séduisent. Son envoi au Salon de Paris en 1895 (n° 1298) lui vaut un achat du Musée de Rouen. Celui de 1899 (n° 1341) est loué dans *L'Art* (1900, IV, p. 1084). Lorsqu'il aborde le motif, il adopte une démarche volontairement passéiste, soulignée par Louis Brès : « *La Grande Fontaine à Digne*, un pittoresque morceau d'architecture dans le goût du siècle dernier qui s'arrange décorativement parmi les branches des peupliers, fait songer aux sites chers aux peintres des fêtes galantes. Il y a toujours infiniment de goût et d'habileté chez M. Étienne Martin[65]. » En effet, l'artiste évoque davantage les compositions de Lancret ou d'Hubert Robert que les scènes de genre ossaloises à la Roqueplan (reprises des *Jeunes Filles à la Fontaine* de Verheyden) ou bien italiennes à la Hébert (*Rosa Nera à la Fontaine*). Et il ne doit rien au paysage animé de Grésy dans sa *Vue d'une Fontaine à Apt*, 1846, Aix-en-Provence, musée Granet. Chez lui, la majesté de l'architecture prime sur la représentation des humains, à la différence de Montenard dans *Femmes à la Fontaine*, Marseille, musée des Beaux-Arts.

64. *Op. cit.*, 1934, p. 55 ; *op. cit.*, 1921, p. 74 ; *op. cit.*, 1934, p. 14.
65. *Le Sémaphore*, 6 juillet 1895.

Étienne Martin ne date presque jamais ses œuvres, signifiant par là que cette vision se situe hors du temps, que cette Provence éternelle, inscrite dans la durée, défie le présent, les modes et la mort. Rassurante dans son contenu, cette peinture claire, pleine de paix, où le temps s'écoule lentement, est aussi une peinture limitée, faite de clichés qui tournent court. Elle dit la vie familière des villages, l'humble simplicité du petit peuple des campagnes. Ici, l'homme donne l'échelle d'un paysage conçu pour lui, modelé par lui. Le peintre est naturellement sincère dans ce qu'il fait et il écrit cette plate confession. Il insiste sur le dialogue, les échanges entre humains : les femmes bavardent, le charretier en sabots les regarde, l'enfant est là, la vie continue, immuable face à la nature changeante.

Passéiste dans cette prédilection pour l'anecdote, Étienne Martin a beaucoup de peine à trouver sa place dans un monde si peu fait pour lui. Ce rêveur succombant aux influences du père et des maîtres n'a pas créé – semble-t-il – un authentique langage. Son art qui propose une cohabitation difficile de chauds et de froids – l'un des traits de bon nombre de paysages de ce temps – et qui ne sait pas lier l'ombre et la lumière, possède un clavier de moyens d'expression peu variés. Illustratif, il n'atteint pas au réalisme lyrique et universel de Mistral et jamais il n'échappe au savoir acquis. Son imagerie tombe dans le sentimentalisme, la narration évite de peindre, le pittoresque dispense du pictural. Prisonnier d'un code culturel qu'il s'attache à reproduire, l'artiste restitue du réel ce qu'il en a appris, plus que l'expérience qu'il devrait en avoir. Réfractaire aux nouveaux courants qui agitent le début du XXe siècle, il ne se dégage pas des principes d'ordre et de permanence du réalisme académique et laisse le paysage inentamé par l'émotion, à la différence des puissantes visions proposées au même moment par Chabaud, Seyssaud ou Verdilhan. Cette esthétique de l'apparence permet de tenir à distance le monde réel. Étienne Martin recrée un univers parallèle, une Provence immobile protégée de toute agression. Il y a souvent chez lui ce besoin d'embellir, d'édulcorer par des teintes sucrées ou acidulées, avec des tons roses qui s'égarent parmi les ocres sans souci de couleur locale. Ses paysages sont trop volontairement doux et artificiels, de sorte que cette Provence onctueuse – beurrée dira Guigou – est une Provence fardée aux antipodes de la Provence aride, sèche et grise de Loubon.

Renonçant à fonder son œuvre sur une quelconque profondeur, Étienne Martin choisit de privilégier la surface qui l'éloigne de l'introspection. Simulacre d'un présent repeint de frais, cette Provence de propagande, nostalgique du bon vieux temps, est bien souvent un produit vide, recomposé. Et cette image fallacieuse constitue, pour qui sait la lire, la plus douloureuse des confessions : en refusant le changement, essence du monde, secret de la vie, caractère même de l'opération artistique, c'est sa propre fragmentation que l'artiste repousse.

Dans l'entre-deux-guerres, alors que triomphe le régionalisme, son style figé dans une formule élaborée vers 1890 ne présente plus d'évolution. S'il avait adapté, comme Paul Sibra, ses paysages au registre art déco ou marié, à l'instar de Tobeen ou d'Arrué, l'héritage cubiste à la tradition basque, Étienne Martin aurait pu élever sa thématique régionaliste au rang de création originale et moderne. Sa principale contribution au naturalisme provençal consistera en ces entrées de villages aux lumières poussées à blanc, en ces pittoresques scènes de diligences, ou en ces chemins sinueux qui vagabondent dans la campagne

Diligences

Les diligences qui caractérisent le peintre dans ses œuvres majeures, couronnées de succès au Salon de Paris, suscitent des fantasmes de lenteur et de retour au passé, imposent l'évidence du voyage. À la différence des impressionnistes qui multiplient la représentation des trains, des gares et des voies ferrées, symboles de modernité par l'association de la vitesse, du changement et du progrès, Étienne Martin, se démarquant de ses compatriotes également intéressés par ces signes des temps nouveaux, tels Loubon (*Paysage d'Ile-de-France au chemin de fer*, 1845, Aix-en Provence, musée Granet), Casile (*Le Champ de coquelicots*, coll. part. ; *Géménos*, coll. part.), ou Crémieux (*La Gare de Saint-Menet à Aubagne*, Musée de Toulon), manifeste son attachement aux anciens modes de locomotion et de communication en faisant l'éloge des diligences, des chemins et des auberges. Dans les années 1890, cet anachronisme constitue un exemple pour le moins singulier.

Le motif avait d'abord fait son entrée avec des anecdotes de la vie parisienne chez Louis-Léopold Boilly dont l'*Arrivée d'une diligence dans la cour des Messageries*, 1803, Louvre, donne lieu à de touchantes scènes de retrouvailles. Avec *La Première Diligence d'Italie*, 1813, coll. part., le Lyonnais Antoine-Jean Duclaux fait œuvre de reportage en évoquant le premier passage d'une diligence reliant la France à l'Italie par le tunnel du Mont-Cenis ouvert en 1813. Ce thème anecdotique assure son succès au Salon de Paris où *La Diligence* est médaillée en 1812, tandis que *Relais de la Malle* est acheté en 1816 par le duc de Berry et *La Chaise de poste attaquée par des voleurs*, acquise en 1817 par le duc d'Orléans. Dans le même temps s'imposent les envois d'Étienne Bouhot (*La Diligence*, Salon de 1814) ou de Camille Roqueplan dont *Marée d'Equinoxe*, son grand succès en 1827, transpose un thème de Walter Scott (*L'Antiquaire*). Dans l'entourage de Bonington, plusieurs artistes, notamment Théodore Géricault, Louis Francia, Paul Huet, Camille Roqueplan, affectionnent le thème voisin de la carriole bâchée dont les occupants bravent les intempéries. La mise en place à Paris en 1828 d'un service d'omnibus à chevaux et la vogue des voyages pittoresques et romantiques constituent l'apogée de la diligence, moyen de transport emprunté par les artistes pour aller dessiner les contrées reculées de la France. Dans *Les lithographies de paysage en France à l'époque romantique*, Jean Adhémar ne nous laisse rien ignorer de son rôle prépondérant et retrace le climat de bonne humeur collective qui y règne. Aussi, rien de surprenant à ce que les artistes reconnaissants, à l'instar de Duclaux, dans son amusante peinture du musée de Lyon – *La Halte des artistes lyonnais à l'île Barbe*, Salon de 1824 – rendent hommage à la voiture en l'intégrant dans les sites pittoresques. Les incidents de parcours sont parfois relatés, non sans humour par Turner qui titre ainsi une aquarelle exposée en 1829 à la Royal Academy : « ces messieurs les voyageurs à leur retour d'Italie (par la diligence) pris dans une tempête de neige sur les monts de Tarare, le 22 janvier 1829 » (Londres, British Museum). Accessoire érotique du roman noir qui la reproduit dans ses vignettes, la diligence est plus honorablement associée à la nouvelle école paysagiste révélée par Gustave Planche au Salon de 1831, dans un tableau de Delaberge, *Arrivée d'une diligence*. Malgré les épisodes que lui consacre Alphonse Daudet dans *Lettres de mon moulin* (1869) ou *Tartarin de Tarascon* (1872), sa fortune iconographique encore attestée par Giuseppe de Nittis (*La Traversée des Apennins*,1867, Naples, musée de Capodimonte), Rudolf Koller (*La Diligence du Gothard*, 1874, Zurich, Crédit Suisse) ou Borglum (*La Diligence*, Société Nationale des Beaux-Arts, 1897, n° 133) s'amenuise avec le triomphe du train et lorsque le naturalisme démode le pittoresque.

Chez les Provençaux, seul Engalière, dans des techniques mineures, reprend autour de 1855 le motif cher à son compatriote Roqueplan. Il devait appartenir à Étienne Martin, prédestiné par le surnom "Martin des voitures" donné à son grand-père, quincaillier et représentant à Digne des messageries Poulin[66], de conférer aux diligences leur gloire posthume. Dans *Anecdotes d'un paysagiste*, où il leur consacre un chapitre particulier, le peintre évoque celles qui ont successivement servi de modèle à ses œuvres, l'*Arrivée du Courrier*, Salon de 1892, Mairie de Ferrière-en-Brie, *Le Relais* **(fig. 70)**, Salon de 1890, Musée de Digne, *Le Courrier* **(fig. 50)**, Exposition Universelle de 1900, Musée de Digne. « La première diligence que, par faveur toute spéciale, on voulut bien me prêter, fut celle qui assurait le service entre Digne et Barcelonnette. Elle était quelconque, je ne m'y attachais pas. La seconde faisait chaque jour le trajet de Riez à Digne. Celle-ci, par contre, était d'une élégance de formes, d'une patine de couleurs exquises. J'en étais littéralement épris et lorsque, plus tard, elle fut affectée à la ligne de Riez à Marseille, je me dérangeais parfois de mon chemin pour aller la saluer sur le Cours Belzunce... Qu'est-elle devenue ? Hélas, comme la diligence de Daudet, peut-être agonise-t-elle dans quelque coin... pouilleuse, dédaignée... Pauvre vieille amie !... Enfin, on consentit à confier à mes bons soins la matrone des diligences ; vous savez, cette immense voiture que l'on tenait en réserve pour les jours de foire et pour le fameux jour de la distribution des prix du Collège : Arche de Noé roulante !... C'était une personne considérable, une bourgeoise importante et cossue, mais grossière et encanaillée. Elle portait surtout une toilette tapageuse qui m'offusquait. Il fallait corriger ça !... Je pris donc des couleurs à la colle – c'est-à-dire faciles à laver – et je me mis à repeindre dans

66. Abbé A. Richaud, "Paul Martin, étude bibliographique", *Bulletin de la Société scientifique et littéraire des Basses-Alpes*, n° 93, avril-mai-juin 1904, p. 15.

69. Étienne Martin
La Route de Courbons
Collection particulière

HÔTEL DU PETIT St JEAN
A CHEVAL CHEZ PAYAN

70. Étienne Martin
Le Relais
Salon de 1890
Envoi de l'État en 1890
Musée Gassendi, Digne

les tons traditionnels le côté du véhicule qui se présentait à mon œil. Ah malheureuse guimbarde, qu'avais-tu fait pour être ainsi bariolée de vert et de bleu sur ta droite, de jaune et de noir sur ta gauche : une arlequinade !... Quand même, mon modèle manquait toujours de vie. Alors – que son propriétaire me pardonne ! – nous ramassâmes sur la route poudreuse, mon vieux serviteur et moi, des sacs de poussière, des brouettées de poussière, des cargaisons de poussière, et allez donc !... Zou ! sur la carrosserie... Zou ! sur les roues, sur les essieux... – « Courage, père Colomb, ça vient !... Encore une pelletée par ici, encore un seau par là !... » Les paysans qui passaient disaient tout haut : "Ces gens-là sont fous". Ils avaient cent fois raison[67]. »

Puis, nostalgique de ce temps des diligences, dont la lenteur favorisait jouissance esthétique et convivialité, Étienne Martin rappelle ses voyages de jeunesse entre Marseille et Digne, avant la création de la ligne de chemin de fer des Alpes : « Villages traversés au petit pas entre deux rangées de badauds, relais en pleine nuit, bruits de grelots, fumées de pipes... relents d'ail et d'oignon ! [...] des sympathies s'éveillaient, des amitiés se nouaient, on se racontait sa vie, on promettait de s'écrire, on se jurait fidélité ». Son récit "L'hôtel du Pigeon Blanc[68]" rappelle par le ton et la cocasserie "La Diligence de Beaucaire" des *Lettres de mon moulin* où Alphonse Daudet a pu se souvenir d'un roman de Balzac, *Le Début dans la vie*.

C'est avec ce symbole passéiste que la réputation d'Étienne Martin s'établit en 1890. Dans son compte rendu des Salons de Paris, Buisson compare l'artiste à Henri Martin, se sert du prétexte de la similitude des patronymes et de la ressemblance des sujets traités – une diligence, un coupé – pour faire l'éloge des traditions académiques et le procès des nouvelles tendances, dans une période esthétiquement confuse où apparaît le symbolisme décadent et à un moment de crise, celui de la division du Salon avec la naissance de la Société nationale des Beaux-Arts installée au Champ-de-Mars. Buisson organise son rapport selon « le critère élémentaire de la santé » : le « côté des bien portants », celui des peintres « avérés, solides, sains et calmes » auquel fait face « le côté des malades ». Aux toiles du Toulousain Henri Martin tombé dans « les broussailles et les tessons de l'impressionnisme », le critique oppose « l'œuvre la plus saine de l'exposition des Champs-Élysées » : « *Le Relais de la diligence* – il y a encore des diligences, il y a toujours de tout à Marseille – le *Relais de la diligence* est incomparablement, dans les deux Salons, la perle de la santé picturale. L'auteur s'y joue des difficultés locales de la lumière, des blancs sur les blancs, des noirs sur les blancs, de l'enveloppe atmosphérique à la fois éclatante et poussiéreuse qui est celle de la Provence, avec l'aisance d'un homme pour qui l'exercice de sa force est autant un plaisir qu'un besoin. Son observation est impeccable et sa sûreté d'interprétation surprenante. La solidité du paysage est bien dans l'intensité du ciel bleu de tous ces pays blancs, un ciel toujours prêt

67. *Op. cit.*, 1921, p. 9, 10.
68. *Ibid.*, p. 70.

à l'orage, ainsi que l'indiquent dans la rue montante, sous un gros nuage, trois ou quatre touches d'une chaleur exceptionnelle et révélatrice sur les cheminées des toits.

Il y aurait à noter tous les détails accessoires, le naturel des naturels, la paresse regardante des villageois du Midi, la disposition des objets et des personnes, la justesse des tons, leurs qualités substantielles, leur finesse sans recherche sensible, le rendu des objets, le don rare du mot propre dans toute la langue du peintre. Je n'insiste que sur ce qui est principal, à savoir l'absence d'effort personnel apparent dans l'exécution, la sobriété de la palette et des moyens employés pour obtenir un effet si complet, si adéquat à la réalité. La sobriété, la force qui vient de la sobriété, c'est le caractère du talent de M. É. Martin. Sa toile repose, éclaire, égaye; elle fait participer le spectateur au plaisir que l'artiste a de peindre, – l'un des plus grands éloges qu'on puisse faire d'une peinture. Elle satisfait au besoin de plein air qui constitue à peu près tout l'appétit idéal de nos modernes, sans rien emprunter à leurs procédés, ou sommaires ou extravagants. Elle a une valeur essentiellement durable qu'aucun connaisseur ne contestera, elle a une valeur momentanée d'exemple, considérable. C'est une *Épître* aux désossés, aux vacillants, aux tapageurs, aux convulsionnaires des touches et des taches, à tous ceux que le soleil désoriente et qui désorientent les spectateurs sensés. Il n'y a que le Luxembourg pour récompenser un succès de si parfait aloi, dans son ordre[69] ».

Routes et chemins

Complémentaire des diligences est le thème récurrent des routes et des chemins. Si le motif en soi n'a rien d'original dans la peinture de paysage, la façon dont l'artiste l'appréhende témoigne, en revanche, d'une forte dimension symbolique. Élément de construction de l'espace, matérialisant la perspective linéaire, guidant le regard du spectateur, du premier à l'arrière-plan, la route, commune aux styles héroïque et pastoral, revêt au XVIIe siècle une importance équivalente dans l'idéal classique ou le naturalisme hollandais. L'assimilant aux « terrasses », Roger de Piles en recommande l'usage sur « le devant du tableau », dans son *Cours de peinture par principes* publié en 1708. La formule est reprise par le théoricien néo-classique Pierre-Henri de Valenciennes dont les tableaux de Salon renforcent son ouvrage, *Élémens de perspective pratique à l'usage des artistes* publié en l'an VIII et réédité en 1820. À cette bible du paysagiste du XIXe siècle, Vollon vouait un grand intérêt et n'avait sûrement pas manqué d'en recommander la lecture à son élève.

La route qui scande la carrière de Corot, du *Petit Chaville*, 1825, Oxford, Ashmolean Museum, à *Sin-le-Noble, près Douai*, 1873, Louvre, devient un poncif des peintres de Barbizon avec l'allée qui s'enfonce en forêt, hommage à l'*Avenue de Middleharnis* d'Hobbema, 1689, Londres,

69. J. Buisson, "Remarques d'un passant sur les Salons de Paris", *L'Artiste*, juillet 1890, p. 324, 325.

National Gallery. Avant l'impressionnisme qui exaltera les voies de communication, on peut noter l'importance prise, chez Courbet, par les œuvres appartenant à la série du grand chemin, allusion au voyage romantique de l'artiste vagabond, identifié au bohémien, délivré des contraintes sociales, tirant sa force de son contact avec la nature. Avec *Vue Générale de Grenade*, 1854, Marseille, Musée des Beaux-Arts, Marius Engalière fournit un équivalent à ces préoccupations dans la peinture provençale, par ailleurs sensibilisée au problème spatial, chez Loubon et Constantin, en souvenir de Joseph Vernet (*La Construction du grand chemin*, 1774, Louvre).

Rejoignant Engalière dans l'intérêt qu'il porte au motif pour d'autres raisons que plastiques, Guigou fait du chemin interminable, le jalon d'un univers qui chavire, dans ses vues obsessionnelles de la Crau, espace à part, désertique, régi par ses propres lois. Ouvrant une perspective, la route qui s'élance vers le ciel conduit le regard, de la grisaille au bleu de cobalt, comme si la nudité des terrains, désespérante de platitude, prédisposait à l'unique contemplation du ciel, car dans ces paysages du vide et du rien, où s'éprouve l'élémentaire, l'être, confronté à sa vanité, n'a d'autre issue que l'azur et son inexorable pureté[70].

La passion qu'Étienne Martin partage avec son contemporain Frédéric Montenard à l'égard de la route relève d'une mystique moins ascétique, comme en témoigne le texte publié en 1914 : « Oh belles routes de France qui, tantôt, piquez droit devant vous, à l'infini, en maître, en conquérant, et qui, tantôt, épousez avec amour et soumission, tous les caprices du terrain !... Oh belles routes blanches qui disparaissez, là-bas, en un souple contour, pour reparaître plus loin, diminuées... et reparaître encore... et finir à l'horizon, comme un minuscule point lumineux !... Oh belles routes attirantes qui conduisez à toutes les villes inconnues, à tous les pays de nos rêves, à tous nos châteaux en Espagne ; qui conduisez, sans interruption, jusqu'au bout du monde !... Oh belles routes vivantes où l'on croise, dans un perpétuel va-et-vient, tant d'affairés, tant d'angoissés... si peu d'heureux !... Oh belles routes antiques qui avez retenti sous le pas de mon père et de nos ancêtres, qui avez tremblé sous le choc des lourdes diligences !... Oh grandes routes, longs rubans d'argent, vous parlez du passé à mon cœur ; vous ouvrez à mon esprit des désirs de voyages ! à mon âme, des besoins d'indépendance et de lointains espoirs[71] !.. »

Étienne Martin vit dynamiquement et magiquement la route qui gravit la colline **(fig. 69)**, disparaît et se métamorphose. Elle lui rappelle son statut de peintre itinérant, sert de trait d'union à sa double vie partagée entre mondanités marseillaises et rusticité dignoise. Lien entre ses deux patries, le chemin, invitation au voyage, image de la mouvance romantique, devient paradoxalement le lieu qui enracine, « long ruban d'argent » qui rattache l'être au passé, renoue le contact avec les ancêtres. Sur ces

70. Cf. Jean-Roger Soubiran, "Le désert, une image emblématique du paysage provençal sous le Second Empire", *Arts et identités régionales*, Centre de recherches F. G. Pariset, Université de Bordeaux III, 1999.
71. *Op. cit.*, 1914, p. 16,17.

routes « blanches », « attirantes », « vivantes », « antiques », parcourues « jusqu'au bout du monde » selon un véritable rite amoureux, Étienne Martin n'est plus un peintre ordinaire à la recherche du « motif », mais un pèlerin de l'absolu. Réalisant un équilibre des tensions nature/culture, cette route qui mène du village au champ et « finit à l'horizon », est orientée, tel un lieu sacré. Elle métaphorise l'axe de vie, la destinée humaine avec ses rencontres et ses épreuves, riche d'expériences nouvelles. Ce chemin enchanté qui se transforme, magicien de soi-même, condamné à se fuir pour exister, n'est-il pas l'athanor alchimique (dont le nom latin est *caminus*), la cheminée qui opère la transmutation de celui qui s'y engage ?

Enfin, comment doit-on lire ces auberges **(fig. 51, 52)** répétées au bord de la route, à la lisière du village et de la campagne : comme une image positive, sécurisante, un poste avancé de la sociabilité rurale, de la civilisation face au danger de l'inconnu, à l'immersion dans la solitude de la nature sauvage ? Ou bien, doit-on interpréter le cabaret – ici toujours placé à gauche, la *sinistra* maléfique – selon l'emblématique en vigueur dans la peinture hollandaise du XVIIe siècle que ce paysagiste dévot ne devait pas ignorer : « l'école du diable », citée dans les *exempla* des sermons religieux, comme un lieu de perdition englué dans les plaisirs matériels, foyer du péché et des tentations de la vie terrestre à éviter sur la voie du salut ?

Vues intérieures

À ces ambiguïtés de l'auberge et du voyage répond celle des vues intérieures, véritables paysages intériorisés, parties de chambres et de salons, chapelles ou écuries que l'on se doit de décrypter. Chez Étienne Martin, les routes enfonçant leurs coins dans la largeur du panorama ou les espaces internes faisant glisser les angles de vue constituent les deux faces d'une même réalité, fonctionnent comme une dialectique du mouvement et du repos.

Aux rêveries dynamiques des lointains inassouvis font écho les rêveries statiques suggérées par le siège vide, présence absente mise en valeur par l'éclairage, motif en rupture dans l'ambiance générale. C'est le fauteuil mœlleux sur le tapis d'Orient dans le salon de la villa Saint-Martin à Digne, la chaise paillée sous la nef humide de l'église de Marcoux ou bien la selle abandonnée gisant sur la terre battue de l'*Écurie provencale* **(fig. 71)**. Au plein air succède une atmosphère raréfiée, au plein soleil, la pénombre ou un jour tamisé, à la vie active, la vie méditative – rêve, prière, nostalgie –, descente en soi.

Les deux séries thématiques sont indissociables comme si un problème intime se révélait dans l'ordre complice du voyage et de la chambre : le voyage, comme mission ou destin à accomplir mais aussi fuite et retour de l'enfant prodigue ; la chambre, comme lieu d'ancrage spatio-temporel.

71. Étienne Martin
L'Écurie provençale
Don de l'artiste en 1926
Musée de Toulon

72. Étienne Martin
Jour de fête
1912
Musée des Beaux-Arts, Marseille

73. Étienne Martin
Lendemain de fête
1905
Musée Gassendi, Digne

Dans ce monde clos, protégé, au rythme ralenti, auquel il communique une pénétrante qualité de mystère, Étienne Martin témoigne d'une tout autre émotion que dans ses paysages. Ici, et comme par instinct, il se trouve accordé à cette vie tranquille et secrète des choses et ces œuvres baignées d'une paix mélancolique confient à la mémoire la fidèle image d'une existence retirée.

Arrêtons-nous sur *Lendemain de fête* **(fig. 73)** exposé en 1905 à l'Association des artistes marseillais. Au premier plan, le plat de quête du XVIe siècle, humble soleil posé à même le sol, concentre les lignes de force rayonnantes qui mènent aux bannières, aux suspensions, à la corniche. Cet hommage au *Plat d'or* de Vollon conservé dans une célèbre collection marseillaise, contrarie par un effet de perspective chinoise, le creusement de la nef et associe une nature morte à un intérieur d'église, accomplissant la fusion du culte de l'art et de la religion. Le regard oscille du premier plan vivement éclairé par l'ouverture du portail à l'abside mystérieuse où officie le prêtre dans la pénombre, de la pompe des habits et accessoires sacerdotaux à la sobriété de l'autel surmonté d'une toile noirâtre, de la richesse au renoncement, de l'artifice à l'essence.

Le peintre ne se limite pas au souci naturaliste qui lui fait détailler les travées de la nef unique voûtée en berceau brisé, de l'église Saint-Étienne dont il restitue l'ensemble du mobilier. La juxtaposition des jeunes femmes en costume Belle Époque à la vieille paysanne portant la coiffe traditionnelle souligne le caractère immuable de l'église, son indifférence aux modes, sa faculté supérieure à absorber le présent. Sous ses voûtes où se respire l'air d'autres temps, Étienne Martin trouve un refuge qui le soustrait au tumulte du monde moderne, un royaume qui résiste à tout changement

La toile retient l'attention de Ferdinand Servian. « M. Étienne Martin se présente sous un aspect presque nouveau, en ce sens qu'il a abandonné, cette fois, le paysage et la nature morte proprement dite. Le souvenir de Vollon chante dans l'église de Marcoux, encombrée de bannières, de chasubles, d'étoles, d'encensoirs, de lampadaires jetant leurs notes multicolores et étincelantes dans l'atmosphère encore alourdie par de vieux parfums. Si le sujet n'est pas de ceux que l'artiste a affectionnés jusqu'à ce jour, il n'en a pas moins été traité avec une acuité de vision et une ampleur de brosse que ne désavoueraient pas nos meilleurs coloristes. Nous y retrouvons toutes les qualités de ce peintre, par dessus tout son entente de la perspective linéaire et sa science du clair-obscur qui mettent toutes choses à leur place et les font valoir. Un beau désordre est un effet de l'art, a-t-on dit, et le désordre auquel nous fait assister M. Étienne Martin dans son tableau : *Le Lendemain de fête*, où nous voyons le bon curé dire la messe à ses ouailles matinales, est d'autant moins inharmonieux qu'il est dû à des mains pieuses lesquelles, même dans la hâte des événements, savent imprimer à leur action incomplète une retenue toujours délicate[72]. »

72. Ferdinand Servian, "Le Salon marseillais", *Le Sémaphore de Marseille*, 6 mars 1905.

Cette mise en scène de décorateur dans laquelle l'artiste rivalise avec le talent d'étalagiste de son père antiquaire ou celui de Vollon dans ses natures-mortes, ce parcours et cette inversion didactique du blanc au noir, de la lumière à l'ombre, renforcé par la superposition des bannières du premier plan, éloignent Étienne Martin, des intérieurs d'église qui avaient fait au début du XIXe siècle la célébrité de Granet. Nul sacrifice au pittoresque, nulle concession au bric-à-brac romantique chez le maître aixois, mais des constructions austères, symétriques, quasi monochromes, propices au silence et au dépouillement, exaltant des spéculations mathématiques sur la lumière et sa signification divine.

C'est à Digne, que se trouvait la villa Saint-Martin dont l'acquisition en 1873 matérialise la réussite de Paul Martin. Dans le *Century* de New York, F. Mason, consul des États-Unis à Berlin, la décrit « remplie de trésors d'art et de goût[73] ». Cette maison de campagne où Paul Martin venait passer l'été avec sa famille, y pratiquant une généreuse hospitalité – dont bénéficia Mistral en 1902 – lui permettait de poursuivre sans interruption les réceptions données à Marseille[74].

Dans une suite de toiles, Étienne Martin immortalise ce lieu riche de souvenirs, vidant la demeure de toute présence humaine. Que signifie ce besoin d'inventorier patiemment chaque meuble, chaque bibelot, de reproduire chaque détail des tapis et des rideaux et les effets de la lumière dans les pièces, si ce n'est le propre moi de l'artiste qui se cherche et ne cesse de se dépeindre à travers cette énumération, en rassemblant des instants vécus dont sont témoins les objets, avec leur poids de rêve et de banalité, leur opacité propre ? Ce qui frappe, dans cette série, c'est bien ce retrait de la présence, comme si toute existence avait désormais reflué vers les choses.

Dans ces vues biaises qui déplient la perspective au lieu de la fermer, la construction de l'espace reste marquée par l'imaginaire, Étienne Martin met en question le rapport de l'homme aux objets. Le parcours dans la villa s'établit sur le mode du paysagiste dont l'excursion organise une succession de panoramas. Le déplacement dans l'espace se double d'un périple qui s'effectue en remontant le cours du temps, et s'oriente vers un passé avoué comme la seule réalité possible. Ce voyage oblique, dont les objets tissent les allusions, les fragments de vie, participe à la lente reconstruction d'une image de soi. Rêve éveillé, le décor de la villa Saint-Martin immobilisé dans un présent éternel, fonctionne à la manière d'un carousel solitaire et substitue au quotidien douloureux une inversion de la durée, celle créée par le regard qui s'intériorise, ayant mis le temps entre parenthèse.

Tel est bien ici le sens de l'arrêt, privilégié par l'éloge intimiste du fauteuil, inséparable du départ sur les routes, dont la diligence matérialise la chambre en déplacement. De ce voyage sédentaire, les tableaux

73. Publié in *Paul Martin (1830-1903)*, Digne, Chaspoul 1905, p. 49.
74. *Ibid.*, p. 34.

74. Étienne Martin
Le Grand Salon à Digne
1877 (aquarelle)
Collection particulière

75. Étienne Martin
Le Salon de musique à Marseille
Collection particulière

76. Étienne Martin
Le Salon à Marseille
Collection particulière

77. Étienne Martin
La Chambre à Digne
1877 (aquarelle)
Collection particulière

78. Étienne Martin
Le Billard à Digne
1877 (aquarelle)
Collection particulière

représentés dans le tableau – cet art de l'art – retracent les étapes imaginaires tout autant qu'ils rassemblent l'unité de la collection, substitut esthétique de la fragmentation du moi. La rapidité de la touche, qui abolit leur définition à la différence des autres éléments du décor soigneusement décrits, n'est pas sans rappeler l'effacement produit par le souvenir ou le brouillage des vues successives dans un voyage.

Mais par dessus cet ordre proclamé, règne dans chaque pièce l'image obsédante du miroir, fenêtre plus secrète encore, déchirure du réel donnant accès à une nouvelle dimension. Dans cette mise en abyme, le peintre a pris soin de modifier les dispositifs d'une vue à l'autre. Ici, la fenêtre à vitraux du Salon de musique **(fig. 75)** se dédouble dans la glace baroque Napoléon III. La redondance ajoutée à la superposition des écrans (doubles rideaux, voilage, vitrail) énonce l'impossibilité de la fuite. Là, dans la Chambre **(fig. 77)**, le miroir est placé dans une évidente rivalité sur le même pan de mur que la baie entr'ouverte. L'air du dehors se mêle à cette atmosphère solennelle et confinée, alourdie par les tentures. Le regard hésite entre l'appel du soleil et le vertige de la glace. Inclinés sur le mur qui les supporte, les miroirs Régence du Grand salon **(fig. 74)** opèrent une mise à distance, déforment et basculent les perspectives, tandis que les tains sombres de ceux du salon **(fig. 76)** et de la salle de billard **(fig. 78)** brouillent la vision, ne renvoient du réel que taches et poussière métaphoriques de la vanité du monde ou de soi-même. Si le voyage échoue dans la chambre, conduit à la concentration, le miroir, par son insondable distance, permet d'échapper à l'enfermement. Il suscite l'évasion intérieure et par sa rencontre impossible, ouvre sur le passé. Rempart à l'implacable écoulement du temps, obsession de l'artiste, il couronne cette réflexion sur le double que proposent ces réunions d'objets, tandis que le miroir sans reflet donne le sentiment pénible de ne pas exister.

Dans cette affinité et cette identification avec les choses qui échappent au pouvoir corrosif du temps, se trouve le noyau essentiel d'Étienne Martin, se définit sa philosophie, cet art le plus difficile qui est celui d'être en paix. Défi à la mort, le Musée de Digne prendra tout naturellement le relais de cette villa-musée. Dans sa « visite humoristique au Musée de Digne[75] », le conservateur improvise une promenade « agrémentée d'une causerie à bâtons rompus », émaillée d'anecdotes sur les collections, la rencontre fortuite et le sauvetage de certaines œuvres. Vivre oniriquement, passionnellement son musée sera, pour Étienne Martin, continuer à habiter cette maison vendue en 1920, perdue à jamais et cependant présente à travers les souvenirs et les rêves de l'adolescence. Si le goût des collections fonctionne comme clôture rassurante, le musée comblera ce besoin de fétichisation de l'univers entier pour pérenniser un monde ressenti comme voué à la désintégration.

75. Cahier manuscrit rédigé en janvier 1939, Musée de Digne.

Conclusion

Les réflexions que suscitent la vie et l'œuvre d'Étienne Martin et les perspectives qu'elles ouvrent, légitiment incontestablement l'intérêt d'une telle rétrospective. Par son attitude à rebours des grandes orientations plastiques contemporaines, cet homme prend un relief singulier sur la scène artistique provençale au début du XXᵉ siècle et sa place ambiguë bouscule les classements établis. Porte-parole d'une majorité de peintres inféodés aux pratiques académiques, il cristallise les efforts de la réaction contre l'avant-garde novatrice et rejette la religion de la modernité. S'il s'attribue la simple fonction, à côté de bien d'autres artistes, de dire son temps à sa manière, son originalité est de souligner à quel point des représentations, des thèmes, une sensibilité, ont pu marquer sa génération.

Conservateur nostalgique d'une France terrienne et artisanale, d'une époque pré-industrielle en voie de disparition, Étienne Martin, à défaut d'être un vrai peintre – du moins selon nos critères –, demeure l'irremplaçable témoin d'un monde rural en mutation. Son imagerie qui incline dans un sens narratif et anecdotique, renforce le mythe d'une Provence idyllique, différente de la Provence naturaliste de Loubon. Ce réalisme populaire qui exprime les sentiments et les aspirations des Provençaux à un tournant de leur aventure, prône l'humble simplicité de la vie des campagnes, l'innocence des mœurs, l'inébranlable foi chrétienne.

Parce que l'œuvre d'Étienne Martin devient fournisseur d'images qui se livrent au crible de l'analyse sociologique, elle trouve sa justification et sa place dans l'histoire de l'art. Survivance attardée du pittoresque en plein XXᵉ siècle, cette peinture ne saurait se résumer cependant à une manifestation provinciale que son archaïsme rejette hors du courant où se fait l'art vivant, car, en ce qu'elle travaille à confondre espace et temps, elle est avant tout recherche de soi-même.

PAUL MARTIN, « L'INVENTEUR DE CETTE JOLIE NATURE DES BASSES-ALPES »

Dans un recueil dédicacé à ses enfants, imprimé à Digne en 1905 chez Chaspoul et Barbaroux, Étienne Martin rassemblait diverses études ou articles publiés sur la vie et l'œuvre de son père, mort le 16 septembre 1903. Aquarelliste de talent, conteur, écrivain, félibre, historien régional, critique d'art, collectionneur, marchand de tableaux, fondateur du musée de Digne, Paul Martin avait, en effet, suscité l'intérêt et l'admiration légitimes de ses contemporains provençaux. À ses aquarelles appréciées jusqu'en Amérique, l'écrivain d'art, F. Mason, consul des États-Unis à Berlin, avait même consacré une étude dans le *Century* de New York. Sa forte personnalité – généreuse et extravertie – et son activité débordante ont réservé une place à part au sein de l'école de Marseille à ce peintre que Louis Brès nomme « l'inventeur de cette jolie nature des Basses-Alpes[1] ». Retracer l'étonnante aventure de ce gavot presque autodidacte qui connut la renommée et la fortune, puis aborder la diversité de son œuvre aquarellé sont les deux volets que nous nous proposons d'étudier.

1. Louis Brès, "Exposition du Cercle Artistique, 2e article", *Le Sémaphore*, 26 février 1873, p. 2.

I. LE BRILLANT PARCOURS DE PAUL MARTIN 1830-1903

Une adolescence insouciante

Dans l'étude biographique qu'il lui consacre en 1904, l'abbé Richaud, érudit local et ancien président de la *Société scientifique et littéraire des Basses-Alpes* note : « M. Martin naquit à Digne, le 16 août 1830, boulevard Gassendi, ancien n° 51. Aux registres de l'état civil comme aux registres de catholicité, il est inscrit avec les prénoms de Pierre-Balthazar. À sa confirmation, il prit le prénom de Paulin, par lequel on le désigna dès lors, dans sa famille et dans le public ; c'est depuis son mariage, en 1852, qu'il signa *Paul Martin*, plus sonore et plus bref[2]. » D'une famille issue d'Estoublon, son père, Balthazar Martin, avait fondé à Digne un commerce de quincaillerie et de fruits secs et représentait les messageries Poulin. Sa mère, Marie-Rose Honnorat, originaire d'Allos, était cousine du docteur Honnorat, auteur du fameux dictionnaire de la langue d'oc. « On est frappé – remarque Richaud – de la ressemblance qui existe entre le docteur Honnorat et Paul Martin [...] c'est la même tête ronde, forte et solide, le même front large et puissant de l'infatigable travailleur intellectuel[3]. »

Avant de trouver sa voie, l'adolescent désespère ses parents par son insouciance. « Au collège, il fut élève médiocre ; les jours d'école buissonnière ne se comptaient pas ; il n'était assidu qu'aux leçons de musique et de dessin[4]. » Dans ce cours, Camoin, son professeur, au lieu de lui apprendre les rudiments de son art, lui racontait les exploits de Napoléon dont il était enthousiaste. En revanche, son fils, Victor Camoin, fut son véritable initiateur, marquant de son influence ses premiers travaux, portraits à l'encre de Chine ou scènes d'intérieur à la sépia. N'ayant pas dépassé la classe de cinquième, Paul Martin sortit du collège avec une instruction très sommaire qu'il dut compenser dans sa maturité. Pendant cette période nonchalante, il parcourt les environs de Digne et contemple la nature de Haute-Provence qui deviendra la source principale de son inspiration. Ce terroir de la France ancienne, cette patrie de grands esprits comme Gassendi nourrit d'une sève robuste son adolescence. Son talent naîtra d'une étroite intimité avec cette campagne aride et pleine de contrastes. De fréquents séjours le retiennent à Colmars chez le juge de paix Gravier, ou à Mézel, dans la famille Ravel.

Dans *Les Basses-Alpes pittoresques*, manuscrit que la mort ne lui permit pas d'achever, Paul Martin nous confie : « Cette petite ville (Colmars) est pour moi une vieille connaissance. Des souvenirs de jeunesse et des relations de famille me rattachent à elle. Lorsque j'étais enfant, je venais, tous les ans, y passer mes vacances. Les communications, alors, étaient fort difficiles ; il n'existait pas de route carrossable, et c'était le temps des fringants muletiers. On se souvient encore, dans le pays, de *Briselame*, de sa roupe en bure de Saint-André, de ses grandes guêtres de cuir,

2. Abbé Aimé Richaud, "Paul Martin, étude biographique", *Bulletin de la Société scientifique et littéraire des Basses-Alpes*, n° 93, 1904, reproduit dans *Paul Martin*, Digne, Chaspoul et Barbaroux, 1905, p. 14.
3. *Ibid.*, p. 15.
4. *Ibid.*, p. 16.

de sa *taillole*, de ses gros souliers ferrés. C'était l'homme le plus gai, le plus jovial de la terre, un boute-en-train, un troubadour du moyen âge ; il chantait des chansons provençales qui égayaient le chemin. […] Le harnachement des mulets était très pittoresque ; ils avaient sur la tête des pompons rouges soutachés de bleu, avec des grelots et des clochettes qui luisaient au soleil. Sur le milieu du front, une plaque de cuivre ornée de devises humoristiques […]. Nous partions de Digne, le soir, pour aller coucher à Draix. Je me rappelle très bien l'auberge du village, sa cuisine enfumée et son plafond à poutrelles, où pendaient des jambons, des saucisses, des brochettes de champignons, quelquefois des agneaux et des cabris salés, qui faisaient triste figure. Je me rappelle surtout la chambre des voyageurs, avec son lit à baldaquin, sa branche de buis béni et ses rideaux de bure. Pour tout ornement, une table boiteuse, deux chaises dépenaillées et une mauvaise gravure coloriée représentant Napoléon à Sainte-Hélène. Le matin, à l'aube, aux premiers chants de l'alouette, on entendait *Briselame* recharger ses bêtes et faire claquer son fouet : c'était pour nous la diane. Au pas de *l'Escaillon*, le sentier était taillé dans le roc, sur le bord d'un abîme, et on se tenait instinctivement aux parois des rochers […]. Arrivés au col, nous sortions le *flascou* et nous buvions à la régalade quelques gorgées de ratafia des Alpes ; puis, le joyeux muletier reprenait ses chansons que les échos de la montagne répercutaient au loin. Nous traversions le *Sauvage*, nous descendions le flanc opposé de la montagne et nous remontions la vallée du Verdon pour arriver à Colmars à la tombée de la nuit, juste le temps qu'on met aujourd'hui pour aller de Digne à Amsterdam[5]. »

Marseille, tremplin pour la réussite d'un marchand-artiste

Passé le temps des vagabondages, Paul Martin entre par l'intermédiaire de son père aux Contributions indirectes : « il passa une matinée dans les bureaux et n'y reparut plus ; aux Ponts et Chaussées, son stage fut de deux jours[6]. » Réfractaire aux emplois administratifs, il trouve bientôt l'opportunité de rejoindre à Marseille Victor Camoin, grâce à une place dans la maison Loire, commerce de nouveautés où il reste « près de quatre ans et où sa gracieuse et spirituelle bonne humeur fit les beaux jours du comptoir[7] ». La cité phocéenne jouera pour lui le rôle de catalyseur qu'elle a exercé sur les trajectoires d'Aiguier, de Courdouan ou de Guigou, servant de tremplin à sa réussite.

En 1852, il épouse Marie Rouquier, « d'une famille de marins et nièce de l'ancien organiste de la Cathédrale, Genoyer[8] ». Ce mariage est pour lui l'occasion d'affirmer son autonomie : il quitte la maison Loire, « emportant l'estime et l'affection de ses patrons. Mis par eux en relation avec M. Binant, de Paris, grand fabricant de toile à peindre et collectionneur éclairé, avec qui il se lia d'une amitié qui ne s'est jamais démentie, Paul Martin monta à Marseille un magasin d'objets d'art,

5. *Ibid.*, p. 18-19.
6. *Ibid.*, p. 21.
7. *Ibid.*, p. 22.
8. *Ibid.*, p. 22.

bronze, papeterie de luxe, etc., auquel il adjoignit bientôt des aquarelles et des tableaux d'artistes parisiens[9] ». Le dépouillement de la presse locale permet de donner un aperçu plus exact des activités de cette galerie située aux n°s 48 et 62 de la rue Saint-Ferréol, centre du commerce d'art marseillais avec la rue de la Darse. Si Paul Martin propose aux amateurs la peinture parisienne en vogue[10] dont la vente facile assure la sécurité de son commerce, ce marchand de 24 ans prend aussi le risque de présenter des inconnus et s'engage dans la promotion de la peinture provençale, comme ses rivaux, Tassy et Turin.

Ses vitrines servent de banc d'essai à la création régionale à laquelle elles assurent un lieu de vente permanent, à la différence du Salon de Marseille. C'est là, tout autant qu'à la *Société Artistique des Bouches-du-Rhône*, que se révèlent de nouveaux talents. Signalées au public par la presse, les œuvres des jeunes peintres affrontent le regard des passants, ainsi celles de Suchet, ouvrier du port et peintre de marine, dont Paul Martin suit fidèlement l'évolution[11]. Simon, qui partage l'atelier de Suchet, présente à son tour chez Paul Martin les envois qu'il destine aux Salons de Lyon[12] et de Moulins[13]. On remarque aussi dans sa devanture des marines de Guichard[14] et des aquarelles de Huguet, Ziem, Victor Camoin[15]. À peine terminées et sorties de l'atelier des Bernardines, les pochades de Loubon, « bœufs au muffle baveux[16] » ou cascarottes observées lors d'un séjour à Saint-Jean-de-Luz, s'exposent ainsi librement aux regards du public[17].

En 1861, Marius Chaumelin attire l'attention des amateurs « sur la belle collection de tableaux modernes que M. Martin vient de recevoir de Paris [...] un *Lion dévorant un Chasseur*, de Delacroix, étude aussi remarquable par l'énergique brutalité du dessin, que par la puissance de la couleur ; une ravissante marine d'Isabey, représentant des *Navires jetés par la tempête sur une côte de la Manche* ; de magnifiques *Vaches*, de Troyon ; un *Intérieur breton*, de Guillemin, d'un sentiment naïf et d'une exécution soignée ; une belle aquarelle de Pils, *Cavaliers pansant leurs chevaux* ; de précieux dessins de Decamps, des *Moutons dans un paysage*, de Paris ; un tableautin de Chavet (*Un Peintre*), qui, pour l'expression et pour la finesse du rendu vaut un Meissonier ; deux ou trois tableaux de Pécrus, des meilleurs ; des *Pifferari*, de Gérôme[18] ». Ce dépôt du négoce parisien rend compte de l'éclectisme qui règne dans les accrochages de Paul Martin et du goût dominant, caractéristique de l'époque, pour les scènes de genre et le paysage animé. Pils et Gérôme, peintres officiels du Second Empire côtoient les romantiques consacrés (Delacroix, Isabey, Decamps) ou le naturaliste Troyon, représentatif des tendances nouvelles.

À ses moments de loisir, Paul Martin perfectionne sa pratique de l'aquarelle avec Victor Camoin. À la mort de ce dernier en 1854, il suit les conseils de Loubon, le directeur vénéré de l'école des Beaux-Arts qui défend les mêmes valeurs artistiques, celles de « l'école de 1830 », et

9. *Ibid.*, p. 22.

10. Il convient de rectifier les propos de Richaud : « Dans les vitrines de la rue Saint-Ferréol, n°s 48 et 62, défilèrent des œuvres des jeunes artistes de l'époque, Troyon, Diaz, Delacroix, Corot, Rousseau..., les triomphateurs d'aujourd'hui très discutés alors. Paul Martin se fit leur vulgarisateur, et chacun sait, maintenant, si son coup d'œil fut pénétrant et juste. Les amateurs qui, sans trop de conviction, mais influencés par son enthousiasme, s'étaient décidés à acquérir, à des prix dérisoires, du reste, quelques œuvres de ces peintres, réalisaient, plus tard, d'invraisemblables bénéfices » (p. 22). Les peintres cités ne sont pas de « jeunes artistes ». De plus, tous sont célèbres et recherchés au moment où Paul Martin les expose. Rappelons qu'à l'Exposition Universelle de 1855, Delacroix (57 ans) consacré comme le chef de l'école romantique, dispose d'une salle entière. À la suite de son triomphe, il est promu commandeur de la Légion d'Honneur. En 1860, « le père Corot », célèbre, entouré d'élèves et très recherché, a 64 ans ! Au cours des années 1850, Diaz est considéré comme « le préféré des banquiers » (Jules Claretie). Membre du Jury du Salon (1850), chevalier de la Légion d'Honneur (1851), il se fait bâtir un hôtel particulier de style Louis XIII place Pigalle, témoignage de sa réussite. Troyon, lui aussi décoré (1849), acheté par l'État, représenté au musée du Luxembourg par deux immenses toiles (1851), est en vogue dès 1851 et « son atelier devient une véritable fabrique de tableaux » qui le rend très riche dès 1854. Quant à Théodore Rousseau, autrefois surnommé « le grand refusé », c'est aussi un peintre arrivé, membre du Jury du Salon (1854), consacré par l'Exposition Universelle de 1855, acheté par l'empereur (4 000 francs en 1857), invité à Compiègne (1865) et considéré comme le rival de Corot dans le paysage, dont il est déclaré « le roi » par Castagnary (1859).

11. Cf. *Le Courrier de Marseille*, 9 janvier 1856, p. 2 ; *Le Courrier de Marseille*, 26 mars 1857, p. 2 ; Marius Chaumelin, "Revue artistique", *Tribune Artistique et Littéraire du Midi*, 1860, p. 29.

qui encourage ses élèves à peindre en plein air sur le motif, suscitant une identité régionale dans le paysage. Cette communauté de vision le rapproche du chef de la pléiade provençale dont il devient l'ami intime : son commerce d'art – si utile à la formation du goût et tremplin pour la promotion des jeunes artistes –, ses relations privilégiées avec Binant – intermédiaire indispensable entre peintres parisiens en renom et Sociétés d'Amis des Arts provinciales – font de Paul Martin un élément clé dans la stratégie de Loubon, chef d'école.

En 1863, son premier envoi au Salon de Paris est remarqué par Chaumelin : « Un élève de Loubon, M. Paul Martin, a débuté au Salon par trois petites aquarelles finement exécutées : *Vue prise à Saint-Paul de Durance (soleil couchant)*, *Vue prise à Montredon, près Marseille (effet du matin)*, et *Vue prise à sainte-Marthe, près Marseille*. Les motifs, d'une grande simplicité, sont choisis avec goût et traités sans préoccupation aucune du détail : l'artiste a cherché avant tout à captiver les regards par l'originalité et la justesse de l'effet général ; il y est parvenu. *La Vue prise à Montredon* surtout, est charmante[19]. »

Cependant, en novembre 1864, Paul Martin se voit contraint de procéder à une liquidation générale[20], la mort de Loubon survenue en 1863 ayant marqué un coup d'arrêt et le début d'une crise dans la vie artistique locale, ce dont témoignent notamment le départ de Guigou pour Paris, l'agonie de l'*Union des Arts* et le déclin de la *Société Artistique des Bouches-du-Rhône*. Dans la *Tribune Artistique et Littéraire du Midi*, Alexandre Baras rend hommage au marchand-artiste et souligne l'originalité de son initiative : « La fermeture des galeries Paul Martin nous a privés d'une exposition unique en Province ; car c'est moins une affaire d'intérêt que la satisfaction d'un goût, que M. Martin cherchait dans son exposition. Aussi, était-elle entretenue avec un soin, on pourrait dire avec un dévouement que ne comprendra jamais un marchand de tableaux s'il n'est pas doublé d'un artiste [...]. Car ce qu'il faut à l'art, c'est une exposition permanente, sans cesse renouvelée, avec entrée libre et devanture sur la rue, qui provoque constamment les désirs des personnes assez riches pour satisfaire leur goût ou leur vanité. Si vous enfermez des tableaux dans un salon, si magnifique qu'il soit, s'il faut le deviner, s'il faut aller à eux avec un parti pris, le but est manqué[21]. »

Paul Martin quitte alors la rue Saint-Ferréol et s'installe 14, rue Montaux, dans l'hôtel particulier d'Eugène Rostand, père d'Edmond Rostand. Dans cet appartement où il demeure jusqu'à sa mort, il se livre entièrement à l'aquarelle, vit de ses leçons et de la vente de ses œuvres, avant de reprendre ses activités commerçantes qu'il exerce, désormais, en chambre. « Son atelier de la rue Montaux, était bien connu des amateurs, qui ne trouvaient pas seulement chez lui des "Martin", mais des tableaux de maîtres divers » déclare Lormond[22]. L'essor du *Cercle Artistique* fondé en 1867 lui donne, en effet, l'occasion de rebondir. L'association,

12. *Le Courrier de Marseille*, 1er janvier 1856, p. 2.
13. *Le Courrier de Marseille*, 1er mars 1862, p. 3.
14. *Le Nouvelliste*, 3 février 1864, p. 3.
15. Chaumelin, *op.cit.*, pp. 29, 50, 84.
16. *Ibid.*, p. 98.
17. Marius Chaumelin, "Mouvement de l'Art à Marseille", *Tribune Artistique et Littéraire du Midi*, 1861, pp. 38, 39. 18. *Ibid.*, pp. 41, 42.
19. Marius Chaumelin, "Les artistes marseillais au Salon de 1863", *Tribune Artistique et Littéraire du Midi*, 1863, p. 205.
20. Annoncée dans *Le Courrier de Marseille*, 18 novembre 1864, p. 2.
21. Alexandre Baras, "Mouvement des Arts à Marseille", *Tribune Artistique et Littéraire du Midi*, 1865, p. 248.
22. Th. Lormond, "Mort du peintre Paul Martin", *Le Petit Marseillais*, vendredi 18 septembre 1903.

qui connaît son apogée sous la présidence de Jules Charles-Roux, organise des expositions prestigieuses dont elle confie la préparation à Paul Martin : « Grâce à ses relations à Paris, il pouvait nous attirer des œuvres importantes qui ne seraient pas venues ici sans lui. Il était amicalement secondé par le beau mariniste Maglione et par l'amateur éclairé Jeansoulin, tous deux fondateurs du Cercle. Certaines œuvres remarquables faisaient date. On disait couramment : "L'année de la *Rêverie* de Jacquet", ou bien "L'année du *Polichinelle* de Meissonier". Les expositions des peintres marseillais alternaient avec celles des artistes parisiens. On se rappelait les envois de Moutte, d'Olive, de Torrents, les débuts pleins de promesse de Raymond Allègre[23]. »

Son expérience, sa pratique des affaires, son regard avisé avaient acquis à Paul Martin une véritable réputation à Marseille et dans toute la Provence. « Ce montagnard, né avec le génie du négoce [...] était devenu un expert délicat, un habile antiquaire dont la perspicacité fut rarement en défaut. [...] Il avait horreur du faux et du médiocre, et jamais, même dans l'espoir d'un gain considérable, il n'eût consenti à patronner un art inférieur ; même au sein des affaires, il restait fidèle au culte du beau [...] Sa galerie exerça [...] une influence des plus heureuses sur le public artistique de notre région » note l'abbé Richaud[24]. « S'il réunissait des collections d'œuvres de maîtres, il savait d'abord les comprendre, et l'on peut dire qu'avant de les offrir au public, il se les offrait à lui-même[25]. » Cet hommage est confirmé par Jules Charles-Roux : « son grand mérite a été de faire de l'art tout en faisant du commerce, de n'avoir fourni à sa clientèle que des toiles de premier ordre et d'avoir constitué ainsi de remarquables galeries qui lui font le plus grand honneur[26]. »

Le retour aux sources, de la villa Saint-Martin au Musée de Digne

Dès qu'il put disposer de son temps, Paul Martin revint chaque été passer de longs mois à Digne où il acquit en 1873 la maison de Saint-Martin. « On a beau courir le monde, voir des villes superbes, des sites merveilleux : on revient toujours, bien volontiers, comme l'enfant prodigue, dans le pays qui vous a vu naître et grandir, car on y retrouve, à chaque pas, des souvenirs d'enfance qui ne s'effacent jamais, des parents, des amis..., et puis un regain de cette belle jeunesse qui passe, hélas ! si vite, pour ne plus revenir[27]. » Matérialisant aux yeux des Dignois sa réussite d'autodidacte, cette maison de campagne fut l'objet de ses soins les plus attentifs. Il la décora somptueusement d'objets d'art **(fig. 79)**, « de tableaux et d'esquisses reçues en souvenir de Corot, Daubigny, Vollon, Diaz, Huguet, Ziem et d'autres artistes plus ou moins renommés. C'est un cas presque unique de trouver dans une petite ville de province, une habitation aussi remplie que la sienne de meubles, d'armures et d'ornements anciens. Les murs des principaux appartements sont tendus de cuir de Cordoue et des plus belles tapisseries » remarque

23. Étienne Martin, "Le Cercle Artistique de Marseille", *Bulletin officiel du Musée du Vieux Marseille*, n° 55, juillet-décembre 1937, p. 54.
24. Richaud, *op. cit.*, p. 24.
25. *Ibid.*, p. 33.
26. Jules Charles-Roux, *Souvenirs du passé, le Cercle Artistique de Marseille*, Lyon, Rey, 1906, p. 241.
27. Richaud, *op. cit.*, p. 25.

F. Mason, consul des États-Unis à Berlin, qui ajoute : « Partout règne dans la maison un ordre artistique, un sentiment correct dans le choix et l'arrangement, qui dénote la main d'un homme de goût sérieux et cultivé. En société, Paul Martin est un homme des plus intéressants et des plus agréables. Aux instincts raffinés de l'artiste, il joint l'hospitalité cordiale et franche, une rare faculté de piquantes narrations, qui semble être un héritage spécial du caractère provençal depuis les jours de leurs troubadours. Il serait difficile de trouver, dans ce pays fertile en légendes et historiettes, un conteur plus accompli[28]. » Ainsi, ce petit musée privé n'était pas destiné aux seuls plaisirs du collectionneur, Paul Martin l'avait surtout conçu comme un décor voué à la convivialité dont profitèrent de nombreux amis et visiteurs, artistes, félibres et journalistes, notamment Monticelli en 1876, le compositeur Thurner en 1895, Mistral en 1902. « Il avait le goût du luxe et du faste ; il aimait la vie large et élégante, les fêtes, les réunions choisies ; il y avait en lui quelque chose de Rubens, le grand coloriste et le grand seigneur qu'il admirait » note Richaud[29].

Après s'être essayé avec succès en 1882 à un important et très remarquable volume de critique picturale à l'occasion de *L'Exposition de la Société des Amis des Arts de Marseille*, organisée par ses soins et pour laquelle il a rassemblé toute la section parisienne, Paul Martin se découvre un talent littéraire qui s'exprime à partir de 1895. « Son œuvre est intéressante et variée : critique d'art, récits d'excursion, études d'histoire locale, contes provençaux en dialecte dignois, pleins de gaieté et de verve[30]. » C'est d'abord *Les Pastissoun de la Mariano* (1ère édition), Crest, Forcalquier, 1895, suivi en 1896 par l'édition dignoise de Chaspoul et Barbaroux. Chez ce même imprimeur, il publie en 1897 *Excursion à Pierre-Ecrite et à Chardavon*, brochure de 30 pages, ainsi que *Les Galejado d'un Gavouot*, 32 contes provençaux (154 pages) ; puis, en 1899, *La ville de Digne, ancienne et moderne*, brochure de 52 pages.

« Il a laissé en manuscrit l'ébauche d'un travail intitulé *Venise*, qu'il avait entrepris au retour d'un voyage en Italie fait en compagnie de son ami Binant [...] et par fragments inachevés, *Les Basses-Alpes pittoresques*, mélange d'histoire et de descriptions, dont l'ensemble eût constitué un volume considérable qu'il se proposait d'illustrer de nombreux dessins et gravures. Tous les historiens de la Provence, beaucoup d'ouvrages spéciaux d'architecture, d'archéologie, de sciences naturelles, avaient été mis à contribution ; les personnages, les monuments, les sites les plus remarquables des Basses-Alpes, rien n'avait été oublié. On se demande comment, avec ses nombreuses préoccupations, il avait pu réunir tant de matériaux », déclare Richaud, admiratif de ce talent si complet, capable de mener de front, avec la même virtuosité, les activités les plus diverses : « Tour à tour peintre, commerçant, homme du monde, il traitait une affaire ou organisait une fête comme il peignait une aquarelle : avec une parfaite sérénité d'esprit : toujours calme, souriant, maître de lui[31]. »

28. F. Mason, "Un paysagiste provençal", 1887, publié dans *Paul Martin*, Digne, Chaspoul et Barbaroux, 1905, pp. 49, 50.
29. Richaud, *op. cit.*, p. 34.
30. *Ibid.*, p. 30.
31. *Ibid.*, p. 32.

À partir de 1890, Paul Martin cesse toute participation au Salon de Paris où il exposait depuis 1863, laissant à son fils le soin de le relayer sur les cimaises de la capitale ; « la mort subite de sa femme a refroidi son ambition pour la renommée publique, et maintenant il travaille pour l'amour de son art. Il est membre honoré de la *Société belge des aquarellistes*, et quelquefois il contribue à l'éclat de leurs expositions ; mais, pour le Salon, il partage les idées de la plupart des aquarellistes français, qui reconnaissent que les œuvres de cette catégorie sont placées à leur désavantage en présence des toiles immenses qui, s'agrandissant chaque année, remplissent le Palais de l'Industrie[32]. »

Le 14 janvier 1892 il est élu président de la *Société scientifique et littéraire des Basses-Alpes*. « Nous avons tous encore le souvenir des séances solennelles [...] séances qu'il transformait en fêtes brillantes [...] soit qu'il nous racontât l'histoire de Digne avec l'enthousiasme du patriote, soit que, dans des sujets de son invention, il fît éclater sa verve méridionale, sa franche et communicative bonne humeur. Sachant, par expérience, combien il nous était utile, nous l'avions, il n'y a pas longtemps et un peu malgré lui, élu président pour la seconde fois[33]. »

Mais son plus grand titre de gloire – qu'il plaçait avant ses succès artistiques – fut d'avoir reçu Frédéric Mistral à la villa Saint-Martin en août 1902. Ce séjour donna lieu à un compte rendu resté à l'état de manuscrit. Vivre pendant quatre semaines dans la compagnie de l'Homère provençal, avoir des échanges privilégiés avec ce mythe vivant comblait ses aspirations intimes et son cœur de félibre. En fondant le Félibrige en 1854, Mistral avait pour idéal de raviver le sentiment de la « race provençale » et de provoquer « une résurrection par la restauration de la langue naturelle et historique du pays[34] ». Cette défense et illustration de la Provence, Paul Martin n'avait cessé d'y contribuer de son côté par la diversité de son œuvre consacrée à la représentation des paysages et à l'évocation des traditions et de l'histoire des Basses-Alpes. Aussi, se trouvait-il en totale symbiose avec le poète, symbole de la résistance méridionale, qui, en prônant l'indépendance comme vertu cardinale, cristallisait ses rêves les plus chers. En souvenir de cet accueil chaleureux, Mistral dédicaça sa photographie à son hôte, accompagné de vers en provençal : « Ce portrait, qui me représente dans ma jeunesse, est pour le peintre Paul Martin, qui, dans le soir et le matin, avec son talent céleste, dérobe la fleur de la Provence[35]. » Ce que la venue de Mistral – l'homme le plus vénéré de toute la Provence – apportait par un aussi long séjour dans sa demeure dignoise à Paul Martin – l'ancien mauvais élève qui avait fait fortune –, c'était une légitimité, une consécration, le couronnement d'une carrière.

Pour que la réussite fût complète, il convenait que l'artiste se dépouille de la matérialité du marchand, que l'homme, pour faire émerger l'être, s'allège du paraître. Œuvre altruiste, la fondation du musée de Digne allait contribuer à cet avènement. Ce fut la grande préoccupation de ses

32. Mason, *op. cit.*, p. 49.
33. Richaud, *op. cit.*, p. 10.
34. Frédéric Mistral, *Mémoires*, chapitre XI.
35. Étienne Martin, *op. cit.*, p. 58.

dernières années, tâche dans laquelle Paul Martin fut secondé par son ami Daime, ingénieur des Chemins de fer du Sud de la France et amateur d'art. Mais pendant longtemps, il se heurta à l'incompréhension de la Municipalité qui lui affecta un local exigu et mal adapté. Aussi, sa mort survenue le 16 septembre 1903, jour où le maire lui attribue l'ancien hôpital de Digne qui comble ses besoins d'espace muséographique, peut-elle être interprétée comme un ultime paradoxe chez ce gavot, jaloux de sa liberté et de son indépendance. Cet homme qui a toujours vécu sur le principe de plaisir et de dépense, pour qui la pratique de l'aquarelle est en parfaite adéquation avec le fait de savourer l'instant, d'en chercher la gratification immédiate, qui a compris l'art comme partage et jouissance et conçu le commerce comme échange et circulation d'énergie, offre alors un témoignage de suprême ironie à l'égard du pouvoir établi. Toucher au but ardemment désiré après quatorze années de lutte et de frustration provoqua sans doute une décharge émotionnelle impossible à canaliser pour ce tempérament sanguin traversé par le flux généreux de la vie. « Il tombe, il meurt en pleine santé, sans que rien en lui pût faire prévoir ce subit et fatal dénouement » s'étonne l'abbé Richaud[36]. Certain que son fils, élevé dans les traditions et le culte des ancêtres, parachèverait son œuvre, Paul Martin pouvait partir en paix.

II. L'AQUARELLISTE PAUL MARTIN

Singularité de Paul Martin dans l'école provençale

Pour mieux cerner l'originalité et comprendre la place qu'occupe l'artiste au sein de l'école provençale, il conviendra de se livrer à quelques remarques préliminaires. Son portrait photographique révèle un gavot carré, sain, volontaire, ardent à vivre, capable à la fois de gaieté, de tendresse et d'emportements sanguins. Sa pratique exclusive de l'aquarelle et des techniques du dessin réserve à Paul Martin une place en marge des peintres de l'école de Marseille naturellement portés vers l'expression de la matière, la sensualité de la touche, le rendu granuleux ou pâtouilleux qui fonde une part de ce baroquisme provençal, tel qu'on l'observe, de Meiffren-Comte **(fig. 80)** à Ambrogiani, mais aussi chez ses contemporains, Grésy ou Monticelli. Parmi les élèves de Loubon – influencés par les empâtements de leur maître – qui trouvent leur propre écriture dans la texture et exploitent toutes les ressources du support, Paul Martin affirme sa singularité dans la légèreté et la transparence de ses feuilles dont l'immatérialité contraste avec son apparence physique, sa carrure puissante de gavot solidement enraciné dans son terroir. Cette économie de moyens n'est pas restée étrangère à la presse contemporaine : de *Vue prise à Montredon, près Marseille, effet du matin* qu'il expose à Paris en 1863, Deriège note, en effet : « L'artiste n'y a pas employé beaucoup de pâte ; s'il continue de la sorte, il ne fera pas la fortune de son marchand de couleurs[37]. »

36. Richaud, *op. cit.*, p. 11.
37. Félix Deriège, "Salon de 1863 – Les dessins, les miniatures, les émaux", *Le Siècle*, 23 juin 1863, p. 1.

Alors qu'en France, au XIXe siècle, la peinture à l'huile constitue au regard du public, de la critique et des institutions, la seule technique sérieuse et le seul médium légitime, Paul Martin témoigne d'une rare obstination à vouloir réussir hors des voies convenues. Malgré la sévérité légendaire du jury du Salon de 1863 – qui justifiera l'organisation d'un Salon des Refusés –, il est admis dès son premier envoi et obtient d'importants éloges de Chaumelin et Deriège, prouesse peu commune chez un débutant. Sa stratégie pour atteindre la notoriété s'oppose aux habitudes régionales qui consistent à faire d'abord ses preuves dans les expositions organisées par les Sociétés des Amis des Arts locales, ainsi qu'ont entamé leur carrière tous les élèves de Loubon. Sans doute ses activités de marchand placent-elles Paul Martin en porte-à-faux. Il ne lui est guère facile de promouvoir la jeune création expérimentale provençale grâce à l'appui de la presse locale et, dans le même temps, d'exposer ses propres œuvres à la *Société Artistique des Bouches-du-Rhône* sans être taxé d'un certain favoritisme. Aussi préfère-t-il adopter une attitude plus saine, malgré tous les risques que comporte cette témérité : être d'abord légitimé par la presse et le jury parisiens avant d'affronter en 1867 à Marseille le regard de ses compatriotes. Certes, ce statut ambigu n'offrait pas que des inconvénients pour l'artiste : il y aurait lieu d'évoquer les avantages financiers et la constitution d'un réseau relationnel performant. De plus, à la différence de nombreux peintres centrés sur leur création, repliés dans leur tour d'ivoire, Paul Martin, marchand, témoigne d'un contact permanent et d'un amour passionné de l'œuvre des autres. Cette curiosité sans cesse en éveil n'a pas dû manquer d'apporter une sève nouvelle à ses recherches. Exposer dans sa galerie des aquarelles de Huguet, Ziem ou Victor Camoin, étudier celles de son maître Loubon, confrontait son regard à des manières et des approches très différentes. De cette diversité, il sut tirer le meilleur parti pour forger son propre style.

La justesse et la précision dont il fait preuve à propos de l'aquarelle dans sa critique de l'exposition de la *Société des Amis des Arts de Marseille* en 1882 montre assez la distance et la lucidité de sa démarche. « De tous les genres de peinture, elle est certainement le plus ingrat et le plus difficile, car elle présente des faiblesses matérielles, des surprises imprévues, des déceptions du métier, et demande une habileté que l'étude sérieuse peut seule donner. Il faut avoir son dessin, sa couleur, son ensemble dans la tête et au bout du pinceau, pour arriver sans tâtonnement, sans lourdeur et surtout sans retouches, à l'effet qu'on veut rendre et traduire. Il y a des *réserves* à garder, des obstacles à franchir, des hasards dont on doit profiter ; il faut enfin être armé de trucs et de ficelles, pour surmonter audacieusement les difficultés amères qui se présentent sans cesse [...]. L'aquarelle est assurément inférieure à la peinture à l'huile : elle n'a pas, comme celle-ci, des ressources infinies et ne peut, pour ce motif, donner entièrement les impressions et les solidités de la nature ; mais elle est cependant, sous beaucoup de rapports, étonnante de vérité, de transparence et de légèreté. Les ciels et les lointains surtout ont des

79. Vue intérieure de la Villa Saint-Martin

80. Meiffren-Comte
Vases en métal ciselé et riches étoffes
Vers 1660
Musée de Toulon

81. Victor Camoin
Types Dignois
Vers 1850
Musée Gassendi, Digne

profondeurs aériennes qui vous séduisent et vous captivent ; la couleur est limpide, gracieuse, et elle arrive à des harmonies délicates, pleines de fraîcheur et d'élégance[38]. » Mais s'il se montre théoricien et s'il collectionne, Paul Martin est peintre avant tout et d'un seul jet. Notes humectées et brillantes, ses paysages ont le charme de l'impression, la touche enlevée, la fraîcheur des tons.

Les années de formation

Né en 1830, l'année où la bataille d'*Hernani* légitime, avec l'ivresse romantique, la libération de l'art, l'ouvrant à une sensibilité et à des techniques nouvelles, Paul Martin témoigne de cette remise en cause des hiérarchies par sa pratique exclusive de l'aquarelle.

Il se forme au contact de Victor Camoin, l'observateur grinçant des mœurs rurales et des types dignois, adepte de l'exécution directe au lavis, dans des camaïeux de sépia et de bistre rehaussés, dont la manière méticuleuse, la sûreté de main et la franchise se remarquent aussi dans les rares paysages à l'aquarelle qui émaillent son inventaire des types sociaux **(fig. 81)**.

« Les deux garçons se promenaient ensemble [...] Martin esquissant les rochers, les arbres, les formes variées des montagnes, pendant que Camoin étudiait les paysans, leurs bestiaux et leurs mœurs et faisait des croquis de la vie des fermes et des villages. Martin avait l'œil prompt et juste pour tout ce qui est beau dans la nature. Un groupe d'arbres au bord de la rivière, ou les ombres des nuages d'été se pourchassant à travers les collines étaient pour lui un poème. Camoin ne voyait que les bergers, les fermiers, les animaux domestiques qui peuplaient ces scènes tranquilles. Ces goûts divers conduisirent graduellement les deux jeunes gens dans des sentiers séparés. À dix-huit ans, le jeune Martin vint vivre à Marseille, apportant avec lui un portefeuille rempli de petites études soigneusement finies et la détermination de dévouer sa vie à son art favori, aussitôt qu'il serait libre » indique Mason, qui précise : « Pendant deux ans, il se donna à la peinture des ciels dans toutes leurs variations de lumière, de temps et de saison. Ce fut par cette fidèle et persistante étude qu'il devint maître de la technique des formes de nuages et des effets aériens, et qu'il acquit cette transparence limpide de tons qui fait le charme de ses œuvres[39]. »

À son tour, Benoît remarque : « Dans ses croquis, de grandes teintes distribuent, sur le papier, les lumières et les ombres, de larges touches, qui épousent bien les formes, accentuent le caractère du paysage ; des clartés habilement ménagées font miroiter les eaux des torrents et des mares ; il semble qu'il n'y ait rien à ajouter aux notes qu'il a prises ainsi sur la nature.

38. *L'Exposition de la Société des Amis des Arts*, Marseille, Librairie Marseillaise, 1882, p. 185.
39. Mason, *op. cit.*, pp. 42,43

Que d'années de travail solitaire et de méditation il a vécues cependant pour apprendre à voir, à saisir [...] la beauté des choses [...] Que d'efforts avant d'acquérir cette simplicité d'exécution qui donnent à son œuvre l'impression du fini dans le détail, de l'unité dans l'ensemble [...]. La spontanéité, l'entrain, la vivacité méridionale, qui donnaient un caractère si local à la physionomie de Paul Martin, ne l'avaient pas empêché d'être, pendant longtemps, hésitant et timide[40]. »

Les débuts : 1856-1865

La plupart des contemporains de l'artiste ont distingué trois principales périodes dans son évolution. La première concerne les années 1856 à 1865. « Il faut remonter vers 1856 pour trouver les premières manifestations de l'artiste » déclare Ferdinand Servian qui ajoute : « S'attachant de préférence à la minutie et à l'exactitude du détail, ses vues des environs de Marseille, notamment de l'Estaque, ainsi que celles de Biarritz et de Saint-Jean de Luz, sont des morceaux qui valent par la fidélité des sites plus encore [...]. Cependant, une observation s'impose : l'aquarelliste est un dessinateur avisé, et, si le coloriste que sera plus tard Paul Martin ne perce pas sous le dessinateur, du moins peut-on affirmer que le ton local fait l'objet de ses recherches [...]. L'influence de Loubon est visible dans quelques paysages de Saint-Paul de Durance, petite ville charmante, – Barbizon provençal, – où pendant longtemps une pléiade d'élèves viendra puiser l'inspiration en compagnie du chef d'école vénéré[41]. »

En 1863, Paul Martin expose pour la première fois au Salon de Paris où Félix Deriège lui consacre toute son attention dans *Le Siècle* : « L'aquarelle fait aujourd'hui concurrence à la grande peinture. Elle compose le tableau d'histoire et le tableau de genre, elle aborde les cadres de grande dimension. C'était jadis un art humble : l'aquarelliste prenait un carré de papier et se contentait, la plupart du temps, d'y appliquer ça et là quelques teintes. De loin on ne distinguait absolument que des taches, un peu de vert, un peu de rouge, un peu de jaune ; mais on était agréablement surpris, en y regardant de plus près, de voir ces taches se changer en prairies, en arbres, en troupeaux, en fabriques, en une foule d'accidents pittoresques dont l'œil finissait par composer un dessin. Cette vieille manière ne valait pas la nouvelle assurément, mais elle avait aussi son mérite, comme il sera facile de s'en convaincre en étudiant les délicieuses pochades de M. Paul Martin. L'une, *Vue prise à Montredon, près Marseille*, est un effet de matin [...] il nous montre au premier plan des terrains, des bois, puis des pins-parasols, un village, d'autres terrains encore en perspective, et bien loin, des montagnes qui n'ont pas cinquante millimètres et qui paraissent baptés de cinq cents pieds. Sa *Vue prise à Saint-Paul de Durance, soleil couchant*, n'est pas moins surprenante. Les arbres sont empourprés, le ciel est en feu, les

40. A. Benoît, "L'œuvre de Paul Martin", publié dans *Paul Martin*, Digne, Chaspoul et Barbaroux, 1905, p. 66 à 69.
41. Ferdinand Servian, "La technique de Paul Martin", publié dans *Paul Martin*, Digne, Chaspoul et Barbaroux, 1905, pp. 78, 79.

vaches fatiguées descendent lentement le long des coteaux pour regagner l'étable ; le soleil brille encore aux dernières limites de l'horizon, sur les flancs de hauteurs pelées, striées, ravinées par les eaux, qui dominent le cours de la Durance. Ces miniatures sont délicieuses ; mais quelle patience il faut avoir pour les fouiller ainsi avec la pointe d'un blaireau[42] ! »

L'année suivante, l'envoi de l'artiste, *Un chemin à Saint-Pons, près Marseille* et *Environs de Saint-Rémy (Provence) ; effet du soir*, suscite à nouveau un long commentaire de Deriège[43] et les remarques élogieuses de critiques aussi éminents qu'Ernest Chesneau ou Théophile Thoré[44], tandis que Marius Chaumelin s'exclame : « Je n'ai jamais vu dans tout le Salon d'aquarelles plus spirituellement enlevées, plus séduisantes de ton et plus vraies d'effet que celles qui ont été exposées par M. Paul Martin, élève de Loubon : ce sont deux vues de La Provence, d'un caractère bien local. Les *Environs de Saint-Rémy* ont un aspect très poétique ; le paysage, un peu triste par lui-même, est baigné par une douce lumière ; quelques arbres d'une tournure distinguée, rompent l'uniformité de la plaine ; une femme, un enfant, un cheval, égaient le premier plan ; les lointains ont beaucoup de profondeur ; des montagnes s'y dessinent, éclairées par les rayons d'or du couchant. – *Le Chemin à Saint-Pons* est tout ensoleillé ; c'est à peine si quelques rochers et quelques arbres touffus donnent ça et là un peu d'ombrage. Ces alternatives de vive lumière et d'ombre réjouissent la vue. M. Martin a le pinceau léger, la touche délicate et rapide, qui conviennent à l'aquarelle, mais il n'escamote pas les difficultés et sait, quand il le faut, insister sur le détail. Il y a dans son chemin des troncs d'arbre dont les rugosités sont indiquées avec une vigueur que l'on ne rencontre pas toujours dans les reproductions des aquarellistes[45]. »

En 1865, la fermeture de ses galeries permet à Paul Martin de se consacrer davantage à son art. Selon Servian, « il exécute alors tel morceau qui, par la force du rendu, évoque la manière de Decamps, tel autre dont la poésie rappelle les paysages de Corot avec leur barque endormie sous la saulaie, leurs arbres aux chevelures de fumée, leurs horizons si mystérieux [...]. Il plante son chevalet devant les sites les plus divers ; il cherche, en débutant, à cerner les contours et à ouvrir des perspectives. Il ne semble voir que le côté brutalement matériel [...]. Pour le moment, il tâtonne, il superpose les tons jusqu'à ce qu'il ait trouvé le vrai, au risque de faire *sentir l'huile* ; il a des touches dures et des colorations sourdes, mais il découpe avec vigueur les silhouettes et rien ne reste au bout de son pinceau incisif comme une pointe[46]. »

De son côté, Mason souligne la précision botanique de ce peintre naturaliste : « C'est particulièrement dans ses arbres et ses feuillages que l'artiste montre le fruit d'une longue et consciencieuse étude. Pour celui qui est familier avec la flore de la Provence, ses grands tableaux sont des merveilles d'exactitude. Les pins des forêts et les pins maritimes,

42. Félix Deriège, "Salon de 1863 – Les dessins, les miniatures, les émaux", *Le Siècle*, 23 juin 1863, p. 1.
43. Félix Deriège, "Salon de 1864 – Les dessins, les éventails, les émaux", *Le Siècle*, 22 juin 1864, p. 2.
44. « Les deux salons de l'Est contiennent les aquarelles, pastels et dessins [...] les paysages de M. Paul Martin, aquarelles aux lumières vives et spirituellement égratignées ». Ernest Chesneau, "Salon de 1864 (3e article)", *Le Constitutionnel*, 14 juin 1864, p. 3. « M. Paul Martin est presque aussi fin que Bonington dans une aquarelle d'un paysage provençal. » Théophile Thoré, "Salon de 1864", *Salons de W. Burger*, 1861 à 1868, tome II, Paris, Jules Renouard, 1870, p. 123.
45. Marius Chaumelin, "Lettres sur le Salon de 1864 (2e article)", *Tribune Artistique et Littéraire du Midi*, p. 32.
46. Servian, *op. cit.*, p. 79, 80.

le caroubier, le saule, le peuplier et les buissons dorés et hérissés des collines sont peints avec une rapidité et une dextérité de touche qui, même dans un groupe d'arbres différents, marquent distinctement le caractère de chaque espèce. Même les herbes et les bruyères fauves qui poussent parmi les rochers crayeux acquièrent presque une individualité botanique dans ses plus soignés premiers plans, ainsi que le critique d'art du *Figaro* l'a dit : "L'on entend la cigale et l'on sent la lavande sauvage en regardant ces tableaux du Midi" [47]. »

La maturité : 1866-1879

Il est généralement admis qu'à partir de 1866 Paul Martin entre en possession de son style par la maîtrise de la couleur, de la lumière et de l'atmosphère. Selon Servian, « de 1866 à 1870, la facture s'élargit, les taches s'avivent et la masse a ses reliefs et ses creux nettement gradués, tandis que le coloris forme une succession d'impressions liées les unes aux autres qui donnent l'unité. Paul Martin a trouvé sa voie. [...] Ce style est si personnel qu'il constitue comme une estampille indélébile. La touche est ferme sans ampleur, le modelé solide, la ligne précise à l'excès ; la coloration est vivace, mais dépourvue de cette exagération qui caractérise la tendance de certains peintres à la mode.
Le choix du sujet est toujours heureux. Cette note nous la retrouvons dans les paysages qu'il a rapportés des Basses-Alpes, des bords de la Durance, du Rhône, du Verdon et de la Bléone. Nous la voyons s'épanouir [...] dans les bois de Siron, le long des collines de Champtercier, aux Ferréols, sur les marais des Grillons, à Digne aux anciens Chauchets, devant la digue de Gaubert, puis à la descente de Cousson, à Saint-Eucher, à l'Hermitage de Saint-Pancrace, à Puimoisson, à Oraison, à Dabisse, à Marcoux, à Quinson, à Chabrières, à la Brillane, au village des Hautes-Sièyes, au milieu des gorges de Saint-Martin, partout enfin où sa fantaisie trouve un aliment [...] ses croquis au gris de Payne, au noir d'ivoire et à la sépia, nous le montrent sous un aspect grandiose et inédit [...]. Dans ses études, qui ne sont pas toujours tracées sur du "whatman", mais le plus souvent sur une simple feuille de papier blanc, la vision s'agrandit, la main devient souple et ferme, le trait prend une signification précise, la couleur, quoique monochrome, s'échauffe. La vie naît lumineuse et resplendissante, la perspective creuse à l'infini le paysage : plus d'ombres pesantes, partout de l'air, de la grandeur et de la majesté [...]. Il est tellement aquarelliste qu'il se refusera à peindre à l'huile ou à gouacher ses aquarelles, toujours rigoureusement lavées. Mais, dans son propre domaine, il se permettra tous les genres. On verra surgir quelques animaux en des raccourcis savants, ce qui nous rappellera que Victor Camoin, le peintre des intérieurs bas-alpins, fut aussi un de ses maîtres. Il ne craindra pas de peindre sur parchemin des éventails, œuvrettes enluminées[48]. »

47. Mason, *op. cit.*, p. 47-48.
48. Servian, *op. cit.*, pp. 80 à 82.

82. Paul Martin
Vue de Digne
1868
Musée Gassendi, Digne

83. Paul Martin
Les Bains Thermaux
1868
Musée Gassendi, Digne

84. Paul Martin
Bois du Grand Séminaire
1868
Musée Gassendi, Digne

En 1866, Paul Martin teste les réactions locales en montrant ses œuvres à deux reprises chez son confrère le marchand Quetin, rue Saint Ferréol, ce dont la presse marseillaise se fait l'écho. Si Édouard Surcher critique ses marines « avec des vagues de fer blanc peint et des rochers de carton appliqué[49] », *Le Nouvelliste* est élogieux : «Une fort jolie collection d'aquarelles dues au pinceau de M. Martin figure depuis quelques jours dans la vitrine de M. Quetin. Ces œuvres se distinguent par un cachet d'originalité artistique rare pour ces sortes de productions[50]. »

En 1867, son envoi à l'exposition de la *Société Artistique des Bouches du Rhône* est remarqué par Adolphe Meyer dans la *Gazette du Midi*[51] et commenté par le *Nouvelliste* : « *Gorge à Chabrière soleil couchant*, et *Sur les bords de la Durance soleil couchant*, sont deux aquarelles aux tons chauds, d'un très bon effet de M. Martin. Nous les préférons à sa dernière composition *Avant l'orage*. Le ciel ne fuit pas ; il figure une plaque de marbre, sur laquelle on aurait collé le reste du tableau[52]. »

L'année suivante, à propos de *Vue des Hautes-Sièyes, bords de la Bléone (Digne), soleil couchant* et du *Vallon de Mouironès à Digne*, Lucien Aréat note : « À voir les deux aquarelles de M. Paul Martin, on dirait presque deux échantillons d'une série de soleils couchants. M. Paul Martin a fait de jolies aquarelles, et il travaille avec une grande habileté. Pourquoi donc faire croire, en répétant plusieurs fois les mêmes effets, qu'il ne cherche la poésie dans la campagne que pour en tirer parti ? Signalons en passant l'abus de ce qu'on appelle le métier, à la longue cela ennuie. On connaît ce trait de la vie d'Esope qui, prié par son maître de lui préparer le dîner, ne lui servit que de la langue à toutes les sauces, si bien que Xanthus et ses convives en furent bientôt dégoûtés. Cependant, disait Esope, n'y a-t-il rien de meilleur que la langue[53] ? » L'artiste expose aussi *Les rochers de la Chemerasse à Digne* à la *Société des Amis des Arts de Bordeaux*, remarqué par Jules Delpit[54].

Exécutées au cours de l'été 1868, entre août et octobre, l'ensemble d'aquarelles du musée Gassendi offre un échantillon de son talent. Digne, dont – après Constantin – Paul Martin va se faire l'interprète, devient le pays de l'enfance reconquise. Fuyant l'agitation de Marseille, Paul Martin, un peu comme Granet, retrouve ses racines pour renaître à lui-même. *Les Pras d'Asse* et *Les Bains Thermaux* **(fig. 83)** sont décolorés comme à travers le filtre du souvenir. La légèreté de ces teintes roses est celle d'une Provence de rêve. Loin des étés torrides de Marseille, l'artiste semble apprécier la fraîcheur des Basses-Alpes, mais, ici, sa gamme est triste, comme anémiée. Ailleurs, les ombrages, les ciels et les eaux sont privilégiés. C'est le *Bois du Grand Séminaire* **(fig. 84)** dont l'herbe verte manque aux terrains de Loubon. *Aux Grillons* et *Vue de Digne* **(fig. 82)** déploient deux panoramas à partir d'un lit de rivière où la vase le dispute aux galets et aux flaques d'eau. Malgré ce dessèchement, le champ des Grillons est d'un vert vif et l'atmosphère humide.

49. Édouard Surcher, "Dans la vitrine de M. Quetin, œuvres de M. Jourdan et de M. Martin", *Le Courrier de Marseille*, 10 février 1866, p. 2.
50. "Aquarelles de M. Martin chez M. Quetin", *Le Nouvelliste*, 24 octobre 1866, p. 3.
51. Adolphe Meyer, "Causerie sur l'exposition de peinture de la Société Artistique des Bouches du Rhône (2e article)", *La Gazette du Midi*, 28 décembre 1867, p. 2.
52. "Envois au Salon de Magy, Martin, Monticelli", *Le Nouvelliste*, 31 décembre 1867, p. 2.
53. Lucien Aréat, "Société Artistique des Bouches du Rhône (3e article)", *Le Courrier de Marseille*, 24 janvier 1868, p. 3.
54. Jules Delpit, "Exposition de la Société des Amis des Arts de Bordeaux (2e article)", *Tribune Artistique et Littéraire du Midi*, 1868, p. 208.

L'Ancienne Batteuse à Digne **(fig. 85)** offre un découpage rigoureux du réel. Les teintes glauques de la Bléone conduisent directement le regard au second plan où se concentre toute l'animation du paysage, régulée par le jeu des horizontales et des verticales. D'une imposante bastide, le cadrage rapproché sélectionne un pan de mur éclairé, négligeant la façade agrémentée de balcons. Cadré par la muraille et par le pont, le regard fouille le désordre des hangars, leur toiture ondulante et les objets utilitaires entreposés à leurs abords. À ce motif pittoresque, l'arche du pont offre un contrepoint apaisé en isolant un pan de falaise sous sa voûte. L'élan des frondaisons rivalisant de hauteur avec la demeure complète ce souci d'équilibre et de construction. Exaltée par le bleu intense du ciel, cette note verdoyante réveille la gamme de gris, de beiges et d'ocres jaunes.

À la gaîté lumineuse de cette vie tranquille s'oppose la vision lunaire presque lugubre de *Les Eaux-Chaudes* **(fig. 86)**, l'image la plus étonnante de la série. Le vertige des eaux miroitantes irréalise le paysage : nul tremblement ne déforme l'image reflétée, le profil des montagnes se renverse de manière exactement symétrique, révélant un décor étrange et fantastique qui donne un peu, dans la fragilité de l'instant, le sentiment d'assister à un moment de théâtre. La maîtrise des camaïeux dans une gamme monochrome qui exploite toutes les ressources des valeurs renforce l'impression de mystère. Cet effet visuel, dont on perçoit la stabilité menacée, rapproche Paul Martin du photographe américain Muybridge, dans ses expériences contemporaines sur les reflets, notamment *Lac Miroir, vallée du Yosemite* (1867, Berkeley, University of California).

Cette Provence froide et décalée du réel se met en place dans des compositions où les masses s'équilibrent avec harmonie. Dans ces présentations frontales qui ménagent une échappée sur les lointains, le premier plan est un espace vide et inconsistant, comme le recommandent les préceptes à la mode. Ces aquarelles finement dessinées révèlent une maîtrise technique : conformément au beau métier, la lumière est définie par le blanc du support laissé en réserve. Presque jamais Paul Martin n'ajoute d'empâtement à la gouache. Si les tons du ciel sont posés sur la feuille encore humide, provoquant une irisation de la matière, des frottis de touches superposées suggèrent la granulation des sols au premier plan. Quelques accents en camaïeu apportent la précision nécessaire.

Au Salon de 1869, où il expose *Environs de Digne* (neuf aquarelles) et *Les Hautes Sièyes ; Bords de la Bléone à Digne ; Au soleil couchant*, Paul Martin suscite l'éloge d'Armand de Pontmartin dans le *Monde illustré* : « Je ne nommerai qu'un seul de ces aquarellistes, M. Paul Martin. Son grand dessin des bords de la Bléone élève jusqu'à la poésie cet art que l'on a tort d'appeler petit [...]. Paul Martin est un paysagiste doublé d'un poète ; il serait digne d'illustrer les pages virgiliennes de la vue rurale des

85. Paul Martin
L'Ancienne batteuse à Digne
1868
Musée Gassendi, Digne

86. Paul Martin
Les Eaux-Chaudes
1868
Musée Gassendi, Digne

87. Paul Martin
À Gaubert
1871
Musée Gassendi, Digne

88. Paul Martin
Les Rochers de Courbons
1871
Musée Gassendi, Digne

laboureurs et des soldats du poème des beaux jours de Joseph Autran[55]. » Au cours de cette période, ses envois marseillais sont simplement cités par Baras, Brès, Chaumelin, Régnier[56]. Si ce dernier remarque en 1872 : « M. Martin affectionne les poules, il ne fait pas encore assez vrai pour faire oublier la couleur. Ce sont bien des poules, malheureusement des poules peintes[57] », il devient plus positif en 1873 : « Le paysage abonde en notes vives et gaies [...], dans les sites empreints d'un profond sentiment de la nature bas-alpine, que Paul Martin a rapportés des environs de Digne[58]. »

Ces années-là témoignent de nouveaux changements, ce que révèle la série du musée Gassendi datée d'août à novembre 1871. L'écriture, fine et serrée, proche de celle de Guigou, devient parfois plus allusive. Avec *À Gaubert* **(fig. 87)**, le jeu des taches sur le papier lavé s'affirme. Cette modulation suffit à indiquer le premier plan et à définir un buisson. Les feuillages d'automne flamboient. Au souci descriptif, Paul Martin préfère maintenant l'effet simple d'une couleur qui éclate et se fait lumière, l'impression donnée par l'atmosphère. C'est la tristesse d'un ciel gris *Aux Chauchets*, le reflet du soleil déclinant *À Saint-Lazare*. Aux panoramas, aux espaces qui respirent font suite des fragments de nature, des cadrages rapprochés (*Chemin de la Croix*), des espaces bloqués (*Village de Courbons*).

Loin d'être prétexte aux romantiques chaos alpestres bâtis en décors de théâtre, avec leurs accessoires, leurs artifices d'éclairage, leurs premiers plans assombris, *Les Rochers de Courbons* **(fig. 88)** proposent un simple regard naturaliste sur un torrent de montagne. Au centre de la page, un rai de lumière obtenu par une réserve du support définit la cascade : elle fend les pierres moussues et rouillées par l'automne avant de devenir un maigre filet d'eau qui serpente parmi les blocs. Jaillissant au premier plan, les touffes de végétation ont plus d'importance que le sapin dont la verticalité côtoie et rivalise avec celle de la cascade. De même, les pierres sur le devant de l'image paraissent sous-dimensionner les falaises fermant l'horizon. L'audace du cadrage rapproché et le renversement des valeurs, qui fait préférer l'infime et l'élémentaire à la majesté du panorama, transposent la sensation de l'alpiniste découvrant des fragments de nature au fur et à mesure de sa progression sur un terrain peu praticable. Ici, Paul Martin rejoint ce type de paysage nouveau, conforme aux données des sens, dont parle Théophile Gautier dans *Vacances du lundi, Tableaux de montagnes*, réunion d'articles parus dans le *Moniteur Universel* : « La verticalité des plans change toutes les notions de perspective dont l'œil a l'habitude. Au lieu de fuir à l'horizon, le paysage alpestre se redresse devant vous, accumulant ses hautes découpures les unes derrière les autres et ses colorations ne sont pas moins insolites que ses lignes et déconcertent la palette[59]. » S'il en traduit avec précision la nature géologique, Paul Martin sait être coloriste en unissant la grisaille chaude des pierres aux verts rôtis d'une végétation accablée ou aux ocres pâlis de la falaise sous le bleu du ciel menacé par la tache translucide et dévorante d'un nuage fuyant.

55. Cité dans Mason, *op. cit.*, p. 45.
56. Alexandre Baras, "Exposition de la Société Artistique", *Tribune Artistique et Littéraire du Midi*, p. 58. Louis Brès, "L'Exposition du Cercle Artistique", *Le Sémaphore*, 5 janvier 1869, p. 2. Marius Chaumelin, "Salon de 1869 – Itinéraire", *La Presse*, 5 mai 1869, p. 3. Marius Chaumelin, "Salon de 1870 – Itinéraire", *La Presse*, 3 juillet 1870, p. 2. Antony Régnier, "Exposition de la Société Artistique (dernier article)", *Le Courrier de Marseille*, 20 janvier1870, p. 2.
57. Antony Régnier, "Exposition du Cercle Artistique", *Le Journal de Marseille*, 13 novembre 1872, p. 3.
58. Antony Régnier, "Exposition d'aquarelles et de dessins au Cercle Artistique", *Le Journal de Marseille*, 17 avril 1873, p. 2.
59. Théophile Gautier, *Vacances du lundi, Tableaux de montagnes*, réédition Champvallon, 1994, p. 47.

À l'occasion d'une exposition collective au *Cercle Artistique de Marseille*, Louis Brès déclare : « Quelques artistes marseillais ont affronté le voisinage d'œuvres signées de noms illustres, et ils ont eu raison. M. Paul Martin nous montre cette jolie nature des Basses-Alpes dont il est en quelque sorte l'inventeur. Son procédé a gagné en ampleur : ses effets sont plus artistiques et son sentiment de la nature nous semble plus juste en même temps[60]. » Il confirme cette impression six ans plus tard : « Deux aquarellistes de talent se sont voués à l'interprétation de la nature provençale et y ont pleinement réussi. Ce sont MM. Paul Martin et Cabasson. Le premier s'est cantonné dans la partie montagneuse de la Provence, dans ce département des Basses-Alpes dont la physionomie est très particulière. C'est par excellence la région des torrents ; aussi trouvons-nous dans les aquarelles de M. Martin des bords de rivière couverts de pierraille, des coteaux déboisés où la pierre montre sa teinte d'ardoise à travers le léger manteau d'une végétation grisâtre. M. Paul Martin rend avec beaucoup de conscience et une habileté de main incontestable la physionomie de cette région. Il est suivi dans cette voie par son fils, M. Étienne Martin, un tout jeune homme, qui a exposé en outre de remarquables natures mortes[61]. »

Excursion de juillet 1872 à Colmars, Allos, Barcelonnette...

Un album « de 56 études ou croquis » récemment acquis par le musée Gassendi retrace un périple accompli par Paul Martin du 16 au 31 juillet 1872. Cette suite ne constitue pas le premier exercice du genre : en effet, au Salon de Paris en 1868, l'artiste avait exposé deux séries intitulées *Excursion en Provence*, comportant respectivement douze et treize aquarelles (n° 3104 et 3105). L'année suivante, *Environs de Digne* (n° 2951) composé de neuf aquarelles renouvelait l'expérience, encore reprise au Salon de 1870 avec deux *Excursion dans les Basses-Alpes* comprenant chacune neuf aquarelles (n° 3781 et 3782). Toutefois, l'ensemble du musée de Digne peut sembler exemplaire en ce qu'il dépasse par son importance les essais qui l'ont précédé. Il donne aussi à Paul Martin l'occasion de retrouver ses souvenirs d'enfance au cours des étés passés à Colmars. Mais aucune nostalgie n'imprègne cette recherche d'un temps perdu. L'artiste se livre tout entier au plaisir de la sensation immédiate, à la découverte de motifs sans cesse changeants, de lac en lac et de col en vallon. Cet itinéraire permet de combiner et de doser des étapes d'une grande variété, de la sauvagerie des forêts et des cascades à l'hospitalité des villages ou à la sérénité des lacs. L'ascension est ponctuée de haltes, de panoramas, mais le motif récurrent de la route de montagne – insistant sur le nomadisme de cet atelier de plein air – donne son unité à la série : tantôt Paul Martin la représente en perspective, de face ou la déporte latéralement, tantôt il l'ordonne en diagonale.

60. Louis Brès, "Exposition du Cercle Artistique (2e article)", *Le Sémaphore*, 26 février 1873, p. 2.
61. Louis Brès, "Les expositions artistiques de Marseille", *L'Art*, tome XIX, n° 28, 30, 1879, p. 220.

89. Paul Martin
Lac d'Allos, 23 juillet 72
Musée Gassendi, Digne

90, 91, 92. Paul Martin
À Colmars, 21 juillet 72
Musée Gassendi, Digne

93, 94. Paul Martin
Barcelonnette, 26 juillet 72
Musée Gassendi, Digne

95. Paul Martin
Vallée du Chadoulin,
route du lac d'Allos, 23 juillet 72
Musée Gassendi, Digne

96, 97. Paul Martin
Col d'Allos à Barcelonnette, 25 juillet 72
Musée Gassendi, Digne

98. Paul Martin
Col d'Allos, 24 juillet 72
Musée Gassendi, Digne

P.M.
Col d'Allos
24 juillet 82

99. Paul Martin
Dans le bois de Colmars, juillet 72
Musée Gassendi, Digne

100, 101. Paul Martin
À Colmars, 19 juillet 72
Musée Gassendi, Digne

102. Paul Martin
Dans le bois de Colmars, juillet 72
Musée Gassendi, Digne

Si chaque aquarelle parle d'une émotion à la manière d'un journal intime, cette suite temporelle sait éviter l'ennui par la fantaisie et la richesse de son organisation. Paul Martin joue avec subtilité des contrastes, variant les formats – dont la verticalité ou l'horizontalité s'adapte au sujet traité – et les dimensions : quelques feuilles plus vastes ou plus petites jouent un rôle de contrepoint ou de point d'orgue, incitant le spectateur à une plus longue contemplation comme le *Lac d'Allos, 23 juillet 72* **(fig. 89)**. L'artiste a recours à deux supports différents dont il tire le meilleur parti. Il peint parfois sur feuille bistre avec rehauts de gouache mais plus généralement sur papier blanc. Si, d'un trait léger à la mine de plomb, il esquisse les indications générales et le profil des montagnes qui les identifie, tout un jeu d'accents, de touches rapides et fluides, de taches plus ou moins amples, lui permet d'atteindre le caractère du paysage dans sa vérité. Tantôt il recherche la précision des formes, tantôt il vise l'effet d'ensemble, en établissant les masses par un travail d'estompe.

Sans parti pris, il essaie d'exprimer ce qu'il voit, allant vers l'essentiel ou vers l'accidentel, trouvant la meilleure place pour s'asseoir devant le motif ou cherchant la vue la plus significative. Parfois un ciel, un éclairage particulier, une atmosphère, captive son attention. Au cours de la même journée, il lui arrive de recommencer trois fois le même sujet sous des lumières différentes, ainsi pour cette cascade prise *À Colmars 21 juillet 1872*. Il change alors la tonalité, passant du gris bleuté **(fig. 90)** au roux, il modifie légèrement l'angle d'approche pour donner une autre perception du bouillonnement des eaux **(fig. 91)** ou bien il épure les détails des falaises, ne cherchant plus qu'un effet de masses et de contrepoint de valeurs **(fig. 92)**. Du *Col d'Allos à Barcelonnette, 25 juillet 72*, il donne deux vues dans une atmosphère identique mais réalisées au fur et à mesure de sa progression **(fig. 96, 97)**. Ici, l'effet de zoom procède du désir d'en voir plus et d'en donner plus à voir. Il reprend ce procédé lorsqu'il s'approche du village : *Barcelonnette, 26 juillet 72* **(fig. 93, 94)**.

Quand il ne peint pas des cascades ou des panoramas, Paul Martin se montre capable de sentir le familier du paysage de montagne, le muletier (*Col d'Allos, 24 juillet 72*, **fig. 98**), les limites en rondins d'une route (*Barcelonnette, 26 juillet 72*, **fig. 93**), la barrière au bord d'un ravin (*Vallée du Chadoulin, route du lac d'Allos, 23 juillet 72*, **fig. 95**).

Il sait trouver un rythme, plus saccadé au début – où se succèdent plusieurs vues en hauteur – suggérant l'empressement du marcheur qui adopte, par la suite, un pas plus mesuré répondant aux convenances de la promenade dont témoigne le balancement des panoramas.
Mais il jongle aussi avec les motifs. Au creusement dynamique d'une route s'oppose l'étendue placide d'une plaine ; à la paix d'une vallée, l'inquiétude du bois de Colmars rendue plus menaçante encore par l'effet de téléobjectif que produit le gros plan sur deux rochers **(fig. 99)**. Ici, le cadrage sectionne hardiment les troncs et renforce le sentiment

d'oppression de l'ombre et de la brume, subtilement rendue par le hasard d'une tache qui fuse sur le papier mouillé. Mais l'angoisse ne dure guère et les œuvres sombres cèdent la place à des motifs légers. *À Colmars, 19 juillet*, deux pins **(fig. 100)**, puis cinq arbres **(fig. 101)**, détachant leur silhouette sur un ciel gai forment césure par l'inachèvement assumé des premiers plans qui rappelle la démarche de Corot dans certaines de ses esquisses italiennes. Atypiques dans la série, d'autres œuvres comparables par leur légèreté et leur caractère allusif viennent ponctuer d'une pause des groupements denses et apportent une respiration à l'ensemble.

Ainsi, les 56 pièces de l'album sont construites sur des schémas sans cesse variés. Rien de rhétorique ou de rigide, non plus, dans la manière de faire rimer les motifs : l'artiste n'a pas cherché à composer un ensemble en fonction d'une idée préconçue. Le hasard est ici le seul maître, avec tous les imprévus que réserve la découverte ; d'où, d'un bout à l'autre, cette impression si vivante qui accompagne cette collection de vues topographiques.

Paul Martin témoigne aussi d'un goût pour les sujets sans valeur documentaire tels les blocs de rochers érodés et moussus (*Dans le bois de Colmars, juillet 72*, **fig. 102**), d'une sobre banalité, traités auparavant par les peintres et les calotypistes de la Forêt de Fontainebleau. Il reprend en cela un motif d'étude obligatoire dans l'apprentissage du paysage classique : les roches appartenaient au vocabulaire du pittoresque codifié par Gilpin[62] et devaient être examinées « sur le naturel », comme le recommandait Valenciennes dans son célèbre traité[63]. D'ailleurs, l'ensemble de ce voyage semble se conformer aux préceptes édictés dans *Élémens de Perspective Pratique à l'usage des artistes, suivis de Réflexions et conseils à un élève sur la peinture et, particulièrement sur le genre du Paysage* qui constituait au XIXe siècle la bible de tout paysagiste. Paul Martin n'a pas manqué de s'exercer aux différents motifs dont la sélection puis la combinaison permettait d'assurer la parfaite maîtrise de son art : arbres – troncs et feuillages, rendu de l'écorce –, terrains – assises, nature géologique des sols, morphologie, mouvements –, falaises, rochers et montagnes, cascades, cours d'eau et lacs, mais aussi fabriques, réflexion sur les jeux d'ombre et de lumière et l'animation du site par les populations y résidant.

« N'oubliez pas, non plus, en voyageant, de prendre des notes sur les costumes et les habitudes des peuples que vous verrez », conseillait Valenciennes aux artistes[64]. Parfois réduits à la dimension de taches perdues dans la perspective de la route ou l'immensité du décor (*À Colmars, 20 juillet 72*, **fig. 103** ; *Châtelard, route de l'Arche, 29 juillet 72*, **fig. 107**), les personnages qu'introduit Paul Martin dépassent la simple valeur de repère donnant son échelle au paysage. Effleurant le papier d'un pinceau léger, il décrit trois villageoises venues chercher de l'eau à la fontaine sur *La place Manuel, à Barcelonnette, 30 juillet 72*

62. *Observations pittoresques sur différentes parties de l'Angleterre*, Breslau, G.T. Korn, 1801, 3e édition, p. 204.
63. Pierre-Henri de Valenciennes, *Élémens de Perspective Pratique à l'Usage des Artistes, suivis de Réflexions et Conseils à un élève sur la peinture et, particulièrement sur le genre du Paysage*, Paris, Desenne et Duprat, An VIII (1800), p. 494.
64. *Ibid.*, p. 629.

103. Paul Martin
À Colmars, 20 juillet 72
Musée Gassendi, Digne

104. Paul Martin
Barcelonnette, 29 juillet 72
Musée Gassendi, Digne

105. Paul Martin
La Place Manuel à Barcelonnette, 30 juillet 72
Musée Gassendi, Digne

106. Paul Martin
Colmars, 18 juillet 72
Musée Gassendi, Digne

107. Paul Martin
Châtelard, route de l'Arche, 29 juillet 72
Musée Gassendi, Digne

108. Paul Martin
Au lac d'Allos, 23 juillet 72
Musée Gassendi, Digne

109. Paul Martin
Lac de la Magdeleine,
28 juillet 72
Musée Gassendi, Digne

110. Paul Martin
Vue d'Allos, 24 juillet 72
Musée Gassendi, Digne

111. Paul Martin
À Barcelonnette, 27 juillet 72
Musée Gassendi, Digne

112. Paul Martin
Barrême, 16 juillet 72
Musée Gassendi, Digne

113. Paul Martin
Lac de la Magdeleine,
28 juillet 72
Musée Gassendi, Digne

114. Paul Martin
Choncelard, 31 juillet 72
Musée Gassendi, Digne

(fig. 105), tandis que fuit à droite, avec l'évanescence d'un instantané sur daguerréotype, la silhouette d'un homme coiffé d'un chapeau haut-de-forme. Ce sont les muletiers et les piétons gravissant lentement un col dans la *Vallée du Chadoulin, route du lac d'Allos, 23 juillet 72* **(fig. 95)**, puis un gros plan sur un seul muletier, *Col d'Allos, 24 juillet 72* **(fig. 98)**, étude de figure isolée dans la série des paysages, dont Paul Martin esquisse en quelques traits la silhouette, préférant réserver son attention aux paniers et au harnachement chatoyant de la mule dont la note rouge résonne sur les sépias.

En montagne, les plans successifs se détachent avec une particulière netteté. Ce phénomène bien observé par l'artiste stimule son analyse de la profondeur fondée sur la maîtrise des valeurs, la dégradation des lointains, une attention égale portée aux différents jalons de l'espace, des pierres formant repoussoir au premier plan de *Au lac d'Allos, 23 juillet 72*, à la croix monumentale se profilant à l'horizon sur la découpe mauve des cimes **(fig. 108)**, ou encore des touffes d'herbe sur le devant jusqu'aux anfractuosités du *Pain de Sucre à Barcelonnette, 27 juillet 72* **(fig. 115)**. Ainsi, oscille son regard de l'infime à l'infini, sans établir de hiérarchie entre les motifs, car, pour ce peintre naturaliste, tout ce qui s'offre à l'œil est digne d'être représenté.

Au lieu de considérer l'arbre comme une agréable coulisse commode pour encadrer les lointains, Paul Martin le comprend comme un être fragile ou solide, un organisme vivant parcouru d'une sève.
Il en donne des portraits sans cesse variés, aime leurs groupements, l'entrecolonnement des troncs qui rythme l'espace. Aux plumeaux légers des peupliers ponctuant la page de leur verticalité où les dispute la flèche gothique de *Barcelonnette 29 juillet 72* **(fig. 104)** dans le soir finissant, il oppose la masse ronde d'un saule découpant son ombre sur le mur d'une ferme *À Barcelonnette, 27 juillet 72* **(fig. 111)** ou les bienfaisantes frondaisons des platanes abritant la fraîcheur d'une fontaine sur *La place Manuel à Barcelonnette, 30 juillet 72* **(fig. 105)**. Ailleurs, il s'installe à la lisière d'une forêt de sapins, dans un monde touffu, que les rochers et les troncs font percevoir comme hostile : *Dans le bois de Colmars, juillet 72* **(fig. 99)**. Il se livre à un inventaire des diverses essences – saules, peupliers, platanes, pins, sapins, mélèzes, épicéas – reproduites avec la précision d'un botaniste. Dans plusieurs pages, il décrit minutieusement les troncs et s'attache au rendu des écorces.

L'inventaire des fabriques rencontrées au cours du périple commence par l'église de *Barrême, 16 juillet 72* **(fig. 112)**. Il se poursuit avec les moulins pris à *Colmars, 18 juillet 72* **(fig. 106)** qui évoquent, par leur naturalisme ambiant, éloigné de tout sentiment dramatique, une peinture d'Antonin Fanart, *Pêcheurs auprès du moulin en montagne*, exposée à Genève en 1854[65]. Puis, c'est une ferme accrochant la lumière sur la *Route d'Allos, 22 juillet 72* à laquelle succède le toit pentu d'une grange sous-

65. Annie Agache, "La montagne dans l'œuvre du paysagiste Antonin Fanart", *Gazette des Beaux-Arts*, 1989, p. 89.

dimensionnant le clocher et le village dans *Vue d'Allos, 24 juillet 72* **(fig. 110)**, tandis que *La Foux, col d'Allos, 25 juillet 72* **(fig. 116)** donne une vue complète et détaillée des maisons du hameau. On pourrait poursuivre cette énumération fastidieuse à propos du bâti observé à Barcelonnette, Larche ou à Seyne.

Tout au long du parcours, Paul Martin se montre sensible à la poésie de la lumière. Si la limpidité de l'air donne conscience de la hauteur à laquelle on respire, la végétation parfois rousse témoigne des ardeurs de l'été. Dans les vues d'ensemble, l'artiste poursuit la dissolution des valeurs aériennes jusqu'aux montagnes bleuâtres et cristallines, appartenant déjà au domaine céleste. Il est attentif au dégradé, au mouillé d'un ciel, aux nuages qui se promènent comme des fumées (*Vue d'Allos, 24 juillet 72*) ou comme ouates légères, reposant sur la densité des forêts, le flanc d'une montagne sauvage. La mélancolie des soirs qui tombent lui inspire quelques pages plus recueillies, notamment *Choncelard, 31 juillet 72* **(fig. 114)**, pour laquelle les accents de gouache blanche – suggérant les nuées transparentes éclairées par les dernières lueurs – agacent les teintes verdâtres et violacées. Il faudrait souligner l'utilisation subtile de ces rehauts pour traduire l'effet de contrejour des sommets, *Méolans, 31 juillet 72* **(fig. 117)**. Le *Lac de la Magdeleine, 28 juillet 72* lui inspire deux versions observées sur des rives différentes à deux moments de la journée : l'une propose des versants éclairés **(fig. 109)**, l'autre prise au crépuscule, au bord de l'eau, au milieu des roseaux et des reflets, fait surgir la montagne violette à contre-jour **(fig. 113)**. La mode des dioramas à sujets alpestres, offrant des variations lumineuses au spectateur, et dont Baudelaire rappelait « la magie brutale et énorme » dans son *Salon de 1859*, n'est peut-être pas tout à fait étrangère à ces effets.

Dans ces espaces larges, aérés, transparents, on n'éprouve nul malaise romantique, nulle inquiétude métaphysique, mais la tranquillité parfois monotone d'un esprit bien assis. On ne trouve pas davantage trace du Sublime qui inspire le paysage alpestre des Suisses, Diday ou Calame, avides de « puissances élémentaires », inspirés par « les grandeurs vierges[66]. »

La montagne est pour lui un ensemble qui vit et se déplace par masses. En témoignent notamment les dernières feuilles de la série, plus allusives, exécutées le 31 juillet, significatives d'une évolution. Avec *Vallon des Thuiles, 31 juillet 72* **(fig. 118)**, *Lauzet, 31 juillet 72* **(fig. 119)**, la tache sombre centrale renversant – comme chez Courbet – les conventions du paysage, la distribution énergique des masses, le jeu mouvant des parois rocheuses traitées en arabesques confèrent à la vue une densité qui dépasse la simple étude.

Si la métaphore d'un chemin bordé de saules conduisant à l'église de *Barrême, 16 juillet 72* **(fig. 112)** ouvre la série, un mélèze au centre d'une

66. Henri Focillon, *La peinture au XIX*e *siècle*, Flammarion, p. 418.

115. Paul Martin
Le Pain de Sucre à Barcelonnette,
27 juillet 72
Musée Gassendi, Digne

116. Paul Martin
La Foux, col d'Allos, 25 juillet 72
Musée Gassendi, Digne

117. Paul Martin
Méolans, 31 juillet 72
Musée Gassendi, Digne

118. Paul Martin
Vallon des Thuiles, 31 juillet 72
Musée Gassendi, Digne

119. Paul Martin
Lauzet, 31 juillet 72
Musée Gassendi, Digne

120. Paul Martin
À Seyne, 31 juillet 72
Musée Gassendi, Digne

page dévorée de taches clôt l'excursion *À Seyne, 31 juillet 72* **(fig. 120)** : ici, la brume errante du souvenir menace la calligraphie naïve de l'arbre envahi par le flou du voyage passé. À l'anecdote du départ s'oppose la quintessence de l'arrivée comme si ce voyage en montagne, dans ces contrées solitaires et reculées, avait opéré la transformation de l'artiste, avait élevé et allégé sa vision. À la fin, Paul Martin, provisoirement affranchi des conventions védutistes et topographiques, témoigne de cette intensité qui imprègne les lavis d'Extrême-Orient par le mystère du vide, l'absence de tout détail descriptif, l'irréalité des taches. Alors, la simplicité confère au motif la force d'une icône.

La dernière période : 1880-1900

Si, pour l'abbé Richaud, Paul Martin a trouvé « sa véritable expression » vers 1869, « sa plus belle manière est de 1880 à 1895 ; il est là en possession de tous ses moyens, absolument personnel [...]. L'habileté de main, la dextérité de touche, légère et rapide, deviennent, parfois, son objectif et priment le sentiment[67] ». Benoît estime qu'« à aucun moment de sa vie, il n'a sacrifié au goût du jour, à la mode passagère. Chez lui, pas de ciels trop bleus, de rochers trop rouges, de terrains trop blancs, d'ombres trop violettes. Il s'est pénétré des harmonies de la nature ; il a toujours vu le feuillage des arbres noyé dans la lumière, les montagnes profilant légèrement, mais avec netteté, leurs formes sur l'azur du ciel, les objets du premier plan précis et vigoureux, d'une valeur qui va s'atténuant, sans heurt, avec la distance [...]. Dans les esquisses de Paul Martin, retrouve-t-on ces effets de soleil couchant, si variés suivant le cadre du paysage, l'état de l'atmosphère, la position relative des objets ! Les détails vulgaires disparaissent, les grandes masses s'accusent [...]. Sans chercher à rendre l'aspect absolu des choses, il a su en noter exactement le sens et l'esprit avec un profond sentiment de l'air, de l'espace et de la vérité[68]. »

Laissons enfin Mason nous livrer ses impressions sur la technique du peintre : « L'art de Paul Martin ne renferme rien de ce soi-disant *chic* des écoles, – l'adroit coup d'un pinceau écrasé à travers du papier grené pour exprimer la formation granulaire, ou les formes de feuillages en masse : le maximum de l'effet avec le minimum de travail. – Mais, au contraire, c'est une honnête et franche peinture dans laquelle on trouve une touche qui, bien que légère et rapide, est toujours positive, ferme et sincère.
Sans sacrifier leurs qualités de clarté et de transparence, les parties accentuées de ses aquarelles ont presque la vigueur et la force des tableaux à l'huile.
Parmi la soixantaine de couleurs dont la palette de l'aquarelliste moderne est munie, il se sert de moins d'une douzaine, et, parmi elle, pas une pointe de blanc ou de couleur en masse ne se montre. Pour lui, les ressources de la véritable peinture à l'eau sont toutes suffisantes ; la

67. Richaud, *op. cit.*, p. 29.
68. Benoît, *op. cit.*, p. 67

lumière qui vibre et qui brille dans ses œuvres n'est que la blancheur du papier réchauffée par des tons transparents, lavés, pendant que le papier tendu est adouci en le mouillant à l'envers […]. Il est pour lui-même un juge sévère et exigeant. Qu'une faute apparaisse, qu'un défaut du papier laisse une tache dans le ciel, ou qu'une ombre retouchée menace de tomber en lourdeur, et il éponge ni raccommode pour réparer l'accident. Le tout est mis de côté et recommencé.
Dans ses ateliers de Marseille et de Digne, il y a de grands rouleaux de dessins plus ou moins complets qui ont été rejetés à cause de quelque défaut, visible à l'instant pour l'artiste, mais qu'une autre personne aurait souvent de la peine à découvrir.
Il a peu de confiance dans les artifices […]. S'il a une magie spéciale, elle consiste dans l'habileté avec laquelle il produit certains effets, tels que celui de la lumière d'un soleil brillant à travers des nuages moutonneux dans un ciel d'été. Il maintient dans tous ses dessins une douce pureté de ton, en travaillant simplement avec un pinceau pleinement chargé sur du papier relâché et adouci par l'humidité, pour que les couleurs soient absorbées et tempérées, évitant ainsi la sèche crudité[69]. »

Pour ce qui est des motifs abordés par l'artiste, il peut être utile de se référer à la récapitulation donnée par Benoît : « Les études de Paul Martin se rapportent surtout aux environs de Digne ; elles accusent ses préférences pour les bords de la Bléone, avec leurs grands peupliers, leurs vertes prairies, le style pittoresque des Hautes-Sièyes, le pic d'Oise, les formes majestueuses du Cousson. Le confluent du torrent des Eaux-Chaudes et de la Bléone avait encore son caractère agreste […]. Il a su y trouver le sujet de nombreuses et belles compositions.
Il a voyagé pourtant de sa Provence au golfe de Gascogne ; il a fréquenté les bords de la Durance ; il a visité les hautes vallées des Alpes, excursionné à Pierre-Écrite, aux lacs d'Allos et de la Magdeleine […]. Mais, s'il les a utilisés dans des esquisses de grande allure que j'ai eues sous les yeux, il revenait toujours à sa Bléone préférée. Il a erré enfin dans ces vallées vaporeuses, dans ces longues forêts qui montent jusqu'aux cimes. Infatigable, il a traduit ses émotions dans une œuvre considérable. Bas-Alpin de cœur, il a prouvé que, sur cette terre aride, tourmentée, déshéritée à bien des points de vue, il y avait quelque chose à aimer[70] ! »

Si la variété des verts témoigne des ressources de la vie végétale, dans ces aquarelles dignoises, la force partout présente, le vrai personnage du paysage, c'est la montagne, sèche, aride, glabre, pan de falaise inexorable qui délimite et contient le terroir ou chaîne en dents de scie qui s'effiloche, bleuâtre, à l'infini.

L'œuvre de Paul Martin appelle, comme celle de tout aquarelliste provençal, la référence à Granet. La concision et l'intelligence d'une technique exploitée aux limites de ses ressources, l'autorité des taches, la différenciation des touches, la puissance des contrastes font de Granet

69. Mason, *op. cit.*, p. 47 à 49.
70. Benoît, *op. cit.*, p. 69, 70.

un des premiers maîtres français de l'aquarelle. Chez lui, l'intensité de l'émotion devant la nature se renouvelle en permanence : d'œuvre en œuvre s'opère le miracle du bonheur gratuit. Certes, au regard de ce géant, Paul Martin fera figure de petit maître. Son travail menu, son faire de miniaturiste l'empêchent d'atteindre cette monumentalité qui forme une des constantes de Granet aquarelliste. S'il respecte les règles fondamentales de l'aquarelle, s'il a d'évidentes qualités de finesse et de fluidité, il lui arrive de pécher par négligence des valeurs. Homme du monde dispersé dans de multiples activités, il n'a pas eu cette intériorité qui fait la force de Granet. À trop mythifier le pays de son enfance, il a parfois vu cette terre en surface, sans en saisir toute l'âpreté. Il lui manque le sens de la synthèse et cette audace des éclairages tranchés dont Granet sait jouer en permanence.

Dans cette rapide mise en perspective, il conviendrait aussi d'évoquer la personnalité d'Alexis Mossa, autre rival redoutable. Avec lui, la Basse-Provence trouve au cours des années 1880 son véritable interprète à l'aquarelle : alors, le paysage de l'arrière-pays niçois – toujours juste dans ses valeurs et dans ses teintes – ruisselle de lumière.

Toutefois, est-il vraiment opportun de se livrer à de telles comparaisons ? Le regard sensible que porte Paul Martin sur son pays a toute sa valeur et la proposition qu'il fait, à sa manière, est pleinement légitime. Il a révélé cette « jolie nature des Basses-Alpes » comme personne avant lui ne s'y était hasardé. À ce titre, il justifie pleinement l'hommage de Louis Brès qui l'en déclare l'inventeur. Son approche reste très imprégnée par le climat de l'aquarelle romantique dans ce qu'elle a produit de pittoresque, et l'on ne doit pas être surpris du compliment superlatif que lui adresse Théophile Thoré lorsqu'il le trouve « presque aussi fin que Bonington ». Dans ses meilleures pages, il a la qualité et l'éclat des aquarellistes anglais : sa touche saisit la forme d'un seul coup et l'anime.

Conclusion

Sensible à la poésie des montagnes, c'est sur le sol bas-alpin que Paul Martin se révèle, les yeux fixés sur le lit caillouteux de la Bléone ou le dur profil du Cousson se découpant sur la moire du ciel. Ce paysage natif incarne sa volonté de s'originer. Dans ce périmètre contenu, à l'espace bloqué, l'étonnement du monde lui apparaît. De cet univers perpétuellement neuf qu'il découvre, tout au bonheur de peindre, Paul Martin marie la finesse de la lumière à l'aridité et à la solidité du sol. Il aime aussi le printemps des feuillages et cette campagne verte, humectée par le voisinage des nuées. Souvent, il s'applique avec candeur : même s'il appuie sur le détail, tant de savante minutie ne tue pas l'émotion ressentie : son naturalisme est une réserve de sensations fraîches. Il a parfois l'étincelante liberté de la vie : les petits personnages bougent, la lumière se répand avec adresse, tombe où il faut. S'il lui manque la largeur de touche, il a le charme de l'impression.

Pour avoir su traduire les Basses-Alpes dans leur rusticité, Paul Martin restera ce talent probe, délicat et vif, issu du terroir et qui sent la note locale. Si l'exercice de l'aquarelle surtout pratiquée aux environs de Digne semble être nostalgie d'un pays perdu ou désir d'un temps retrouvé, la fébrilité du commerce de la rue Saint-Ferréol puis l'animation des expositions du Cercle Artistique révèlent l'autre face de cet artiste : le rêveur chez Paul Martin se double toujours d'un homme d'action. Louons-le d'avoir apporté – outre une plume perspicace – l'efficacité de son soutien à l'art contemporain provençal, et saluons la générosité du collectionneur avisé qui, quelques années avant de mourir, a fondé le Musée de Digne.

Jean-Roger Soubiran
Latresne, janvier 2005

120, 121. Étienne Martin (1856-1945), Paul Martin (1830-1903)
Musée Gassendi, Digne

GÉNÉALOGIE DES MARTIN

Sylvie Besombes Zérubia

Jean Martin
Bourgeois de Barrême.
Marié à Magdeleine Paschal.
6 enfants.

Jean-Baptiste Martin
Bourgeois de Barrême.
Fils de Jean et Magdeleine Paschal.
Marié à Catherine Simon, fille de Blaise Simon, marchand de Castellane, et Elisabeth Guioul.
Marié le 26 juin 1713 à Anne Castel.
8 enfants.

Jean-Baptiste Martin
Chirurgien, aubergiste et propriétaire.
Né vers 1718 de Jean-Baptiste et Anne Castel.
Marié à Elisabeth Gravier.
Décédé le 8 juin 1806 à Estoublon à 88 ans.
10 enfants.

Jean-Baptiste Martin
Négociant jusqu'à la naissance de Joseph-Balthazar, date à laquelle il est noté aubergiste, puis propriétaire aubergiste.
Né le 7 mai 1747 à Estoublon de Jean-Baptiste et Elisabeth Gravier.
Marié le 6 février 1774 à Castellane à Hélène Cécile Gibert.
Décédé le 19 mai 1816 à Estoublon.
11 enfants.

Joseph-Balthazar Martin
Propriétaire à Estoublon, quincaillier à Digne.
Né le 10 février 1791 à Estoublon de Jean-Baptiste et de Hélène Cécile Gibert.
Marié le 6 octobre 1819 à Digne à Marie-Rose Honnorat, née à Allos de Joseph et Madeleine Gravier.
Décédé le 5 décembre 1858 à Digne.
5 enfants :
Pierre-Balthazar Martin dit Paul Martin (voir *infra*) ;
Louise-Eléonore Colomb, née vers 1826 à Digne (?), mariée à Pierre Audibert, propriétaire à Estoublon, décédée le 5 novembre 1887 à Estoublon ;
Joseph-Jules, majeur en mai 1859, employé au bureau télégraphique de Digne, marié à Josephine Rouquier ;

Madeleine-Rosine, épouse d'Honoré Joseph Boyer, maître d'hôtel ;
Alexandre, quincaillier, marié à Rosine Ravel.
On notera que la mère de Paul est une cousine de Simon-Jude Honnorat, botaniste et philologue présent au musée Gassendi de Digne par son *Herbier de la forêt de Faillefeu*, de 1804.

Pierre-Balthazar Martin dit **Paul Martin**
Peintre paysagiste.
Né à Digne le 16 août 1830.
Marié à Marie Augustine Irma Rouquier le 27 juillet 1852.
Décédé à Digne le 16 septembre 1903.

Ils ont un enfant :
Étienne Martin
Peintre et conservateur du Musée de Digne.
Né le 27 juillet 1856 à Marseille.
Marié à Magdeleine Esmiol.
Décédé à Marseille le 6 mars 1945.

ÉTIENNE MARTIN

HUILES SUR TOILE

fig. 70
Le Relais
Huile sur toile, 150,6 x 201,2 cm
Signé en bas à droite : *Étienne Martin*
Salon de 1890, N° 1618
Don de l'État en 1890
N° 150 – D 890. 1. 2.

fig. 50
Le Courrier
Huile sur toile, 150 x 200 cm
Signé en bas à gauche : *Étienne Martin*
Exposition universelle de 1900, N° 1320
Don de l'artiste en 1904
N° 151 – 904. 32. 4.

fig. 29
Soir d'été à Marcoux
Huile sur toile, 109,7 x 148,3 cm
Signé en bas à gauche : *Étienne Martin*
Don de l'artiste en 1909
N° 152 – 909. 36. 1.

fig. 23
Matinée de printemps à Marcoux
Huile sur toile, 102,6 x 122,6 cm
Signé en bas à droite : *Étienne Martin*
Don de l'artiste en 1904
N° 153 – 904. 32. 3.

fig. 35
Vue de Sisteron
Huile sur toile, 103,5 x 123,4 cm.
Signé en bas à gauche : *Étienne Martin*
Salon de 1900, N° 902
Don de l'artiste en 1906
N° 154 –906. 12. 1.

fig. 45
La Moisson
Huile sur toile, 81,9 x 100,3 cm
Signé en bas à droite : *Étienne Martin*
Don de l'artiste en 1905
N° 155 – 905. 15. 2.

L'Écurie du Petit-Paris à Digne
Huile sur toile, 122,4 x 102,8 cm
Signé en bas à gauche : *Étienne Martin*
Salon de 1880, N° 2498
Don de l'artiste en 1889
N° 156 – 889. 11. 1.

fig. 64
La Ruelle Saint-Charles à Digne
Huile sur toile, 121 x 78 cm
Signé en bas à gauche : *Étienne Martin*
Salon de 1880, n° 2497
Don de l'artiste en 1889
N° 157 – 889. 11. 2.

fig. 63
Dans la Casbah à Alger
Huile sur toile, 122,5 x 73,2 cm
Signé en bas à gauche : *Étienne Martin*
Salon de 1893, n° 1207
Don de l'artiste en 1904
N° 158 – 904. 32. 2.

Vue de Digne, de la route de Gaubert
Huile sur toile, 73,1 x 123 cm
Signé en bas à droite : *Étienne Martin*
Don de l'artiste en 1909
N° 159 – 909. 36. 2.

fig. 36
Le Pré-de-Foire à Digne
Huile sur toile, 69 x 116 cm
Signé en bas à gauche : *Étienne Martin*
Don de l'artiste en 1908
N° 160 – 908. 15. 1.

fig. 121
Le boulevard Gassendi à Digne
Huile sur toile, 102 x 82,3 cm
Signé en bas à gauche : *Étienne Martin*
Don de l'artiste en 1904
N° 161 – 904. 32. 1.

fig. 67
La Grande Fontaine à Digne
Huile sur toile, 99,4 x 83,5 cm
Signé en bas à gauche : *Étienne Martin*
Don de l'artiste en 1909
N° 162 – 909. 36. 3.

Le Palais Lonchamp, à Marseille
Huile sur toile, 101 x 81,8 cm
Signé en bas à gauche : *Étienne Martin*
Don de l'artiste en 1905
N° 163 – 905. 15. 3.

Coin d'écurie
Huile sur toile, 81,7 x 100,7 cm
Signé en bas à gauche : *Étienne Martin*
Don de l'artiste en 1889
N° 164 – 889. 11. 3.

Un Pressoir aux Sièyes
Huile sur toile, 100,5 x 82,1 cm
Signé en bas à gauche : *Étienne Martin*
Don de l'artiste en 1889
N° 165 – 889. 11. 4.

Morion, rapière, épées, poignard
Huile sur toile, 60,2 x 77,2 cm
Signé en bas à droite vers le centre :
Étienne Martin
Don de l'artiste en 1905
N° 166 – 905. 15. 4.

Les Oignons
Huile sur toile, 73 x 54 cm
Signé en bas à gauche : *Étienne Martin*
Don de l'artiste en 1889
N° 167 – 889. 11. 5.

Note : Le classement des œuvres suit l'ordre de l'inventaire du musée Gassendi, Digne.

fig. 54
Le Cantonnier
Huile sur panneau, 40 x 26,3 cm
Monogrammé en bas à gauche : *E. M.*
Annoté en bas à droite : *Étude pour « Le courrier »*
Don de l'artiste en 1922
N° 783 – 922. 6. 1.

Un Chien
Huile sur toile, 18,4 x 22,9 cm
Annoté et monogrammé en bas à droite : *Étude pour « Le courrier » / E. M.*
Don de l'artiste en 1922
N° 784 – 922. 6. 2.

fig. 55
La Brouette
Huile sur panneau, 24,3 x 29,6 cm
Annoté et monogrammé en bas à droite : *Étude pour « Le courrier » / E. M.*
Don de l'artiste en 1922
N° 785 – 922. 6. 5.

Villa près de Digne
Huile sur toile, 25,8 x 40,4 cm
Signé en bas à gauche : *Étienne Martin*
Don de l'artiste en 1905
N° 786 – 925. 4. 1.

fig. 68
La Grande Fontaine à Digne
Huile sur toile, 100,2 x 80,5 cm
Signé en bas à droite : *Étienne Martin*
Situé et daté en bas à gauche : *La Grande Fontaine / à Digne / juillet 1937*
Don de l'artiste en 1926
N° 787 – 926. 2. 1.

fig. 66
La Fête-Dieu à Digne
Huile sur toile, 150 x 215 cm
Signé en bas à droite : *Étienne Martin*
Salon de 1930, n° 1439
Don de l'artiste en 1930
N° 928 – 930. 2. 2.

La Fête-Dieu à Digne
Huile sur panneau (projet pour le tableau final), 26,8 x 34,9 cm
Monogrammé en bas à gauche : *E. M.*
Situé et daté au revers : *Digne, 13 août 1918*
Don de l'artiste en 1932
N° 929 – 932. 6. 1.

Coin de cuisine
Huile sur toile, 65 x 81,8 cm
Signé en bas à droite : *Étienne Martin*
Don de l'artiste en 1935
N° 930 – 935. 4. 1.

La Foire à Digne
Huile sur toile, 50,2 x 61,1 cm
Monogrammé en bas à gauche et daté : *E. M. 1890*
En bas à droite : *La foire à Digne / projet de tableau*
Don de l'artiste en 1890
N° 931 – 931. 2. 1.

Un Suisse
Huile sur panneau (étude pour la Fête-Dieu), 32,32 x 23,3 cm
Signé en bas à droite : *Étienne Martin*
Don de l'artiste en 1938
N° 933 a – 938. 8. 2.

Un Congréganiste
Huile sur panneau (étude pour la Fête-Dieu), 32,9 x 25 cm
Signé en bas à gauche : *Étienne Martin*
Annoté au revers : *17/9 – 1918*
Don de l'artiste en 1938
N° 933 b – 938. 8. 3.

Le Pré-de-Foire à Digne sous la neige
Huile sur carton, 26 x 41 cm
Signé en bas à droite : *Étienne Martin*
Don de l'artiste en 1939
N° 1061 – 939. 4. 1.

fig. 73
Lendemain de fête
Huile sur toile, 98 x 82 cm
Signé en bas à droite : *Étienne Martin*
Don de l'artiste en 1939
N° 1062 – 939. 4. 2.

Un Prêtre
Huile sur carton, 18,8 x 13,4 cm
Signé en bas à gauche : *Étienne Martin*
Inscription au revers : *À ma jeune amie / Mademoiselle Marcelle GIRARD / Étienne Martin / 22 Mars 1924*
Achat du musée en mai 1989
N° 2137 – 989. 2. 1.

AQUARELLES

Vers Notre-Dame du Bourg, à Digne
Aquarelle sur papier, 26,9 x 38,1 cm
Signée en bas à gauche : *Étienne Martin*
Annotée et datée en bas à droite : *Digne – juillet 1874*
Don de l'artiste en 1908
N° 333 – 908. 15. 2.

À Gaubert, près de Digne
Aquarelle sur papier, 27,7 x 39,3 cm
Signée en bas à droite : *Étienne Martin*
Annotée en bas à gauche : *À Gaubert – juillet 1877*
Don de l'artiste en 1908
N° 334 – 908. 15. 3.

DESSINS

fig. 53
La Diligence
Dessin sur papier rehaussé d'aquarelle (étude pour *Le Courrier*), 50 x 42 cm
Annoté, daté et monogrammé en bas à droite : *Étude pour « Le Courrier »/ Septembre 1891 / E.M.*
Don de l'artiste en 1922
N° 816 – 922. 6. 4.

Toulon, du quai du Parti
Croquis à la mine de plomb, 9,8 x 15,3 cm
En bas à gauche : *Toulon / du quai du Parti*
Daté en bas à droite : *1/4/88*
Achat du musée en septembre 1994
N° 994. 1. 1.

Toulon, du quai du Parti
Croquis à la mine de plomb, 9,8 x 15,2 cm
En bas à gauche : *Toulon/du quai du Parti*
Daté en bas à droite : *1/4/88*
Achat du musée en septembre 1994
N° 994. 1. 2.

Les 144 dessins qui suivent ont été achetés pour le musée par le Conseil Général des Alpes de Haute-Provence avec l'aide du Fonds Régional d'Acquisition pour les Musées

D'après Paul Potter au Louvre
Crayon gris sur papier, 31 x 23 cm
Annoté en haut à gauche : *Louvre*
Annoté et daté en haut à droite *: Paul Potter 24/05/ 88*
Achat du Musée en juin 1997
N° 997. 3. 1.

D'après Claude Lorrain au Louvre
Crayon gris sur papier, 23 x 30,7 cm
Annoté et daté à gauche en travers : *Louvre, Claude Lorrain, 21 mai 88*
Achat du Musée en juin 1997
N° 997. 3. 2.

Sans titre
Crayon gris sur papier, 29 x 38,8 cm
Daté en bas à droite : *6 sept*
Achat du Musée en juin 1997
N° 997. 3. 3.

Sans titre
Étude de paysage
Encre sépia, 21,2 x 40 cm
Achat du Musée en juin 1997
N° 997. 3. 4.

Étude pour « Sous les pins »
Étude de paysage
Crayon gris sur papier, 35,2 x 27cm
Annotée en bas à gauche : *dessin pour « sous les pins »*
Achat du Musée en juin 1997
N° 997. 3. 5.

Dessin pour « Jour de Fête »
Crayon gris, 35,2 x 22,5 cm
Annoté en bas à droite : *dessin pour « jour de fête »*
Achat du Musée en juin 1997
N° 997. 3. 6.

Dessin pour « La Fête-Dieu »
Crayon gris, 32 x 23 cm
Annoté en bas à gauche : *dessin pour « la Fête-Dieu »*
Achat du Musée en juin 1997
N° 997. 3. 7.

Dessin pour « La Fête-Dieu »
Crayon gris, 32 x 23 cm
Annoté en bas à gauche : *dessin pour « la Fête-Dieu »*
Achat du Musée en juin 1997
N° 997. 3. 8.

Dessin pour « La Fête-Dieu »
Crayon gris, 40 x 21 cm
Annoté en bas à gauche : *dessin pour « la Fête-Dieu »*
Achat du Musée en juin 1997
N° 997. 3. 9.

Dessin pour « La Fête-Dieu »
Crayon gris, 55,5 x 29 cm
Annoté en bas à droite : *dessin pour « la Fête-Dieu »*
Achat du Musée en juin 1997
N° 997. 3.10.

Étude pour « Le Courrier»
Crayon gris, 41,5 x 30,3 cm
Annoté et daté en bas à droite :
Etude pour « Le Courrier », novembre 1891
Achat du Musée en juin 1997
N° 997. 3.11.

Marcoux
Crayon gris, 24,2 x 32 cm
Annoté et daté en bas à droite *: Marcoux, 2 août 22*
Inscription au dos en bas à gauche *:2/8*
Achat du Musée en juin 1997
N° 997. 3.12.

Sans titre
Crayon gris, 16,5 x 13 cm
Achat du Musée en juin 1997
N° 997. 3.13.

Sans titre
Crayon gris, 15 x 11 cm
Achat du Musée en juin 1997
N° 997. 3.14.

Marcoux
Crayon gris, 24 x 31,7 cm
Annoté et daté en bas à droite :
Marcoux, 10 août 22
Trace d'une autre femme à gauche
Inscription au dos en bas à gauche : *10/8*
Achat du Musée en juin 1997
N° 997. 3.15.

Marcoux
Crayon gris, 24,5 x 31,8 cm
Annoté et daté en bas à droite :
Marcoux, 3 août 22
Inscription au dos à gauche : *3/8*
Achat du Musée en juin 1997
N° 997. 3.16.

Sans titre
Crayon gris, 23,2 x 15 cm
Annoté et daté en bas à gauche : *10/9, 88*
Achat du Musée en juin 1997
N° 997. 3.17.

Marcoux
Crayon gris, 24 x 31,8 cm
Annoté et daté en bas à gauche :
Marcoux, 4 août 22
Inscription en bas à droite: *(bon)*
Achat du Musée en juin 1997
N° 997. 3.18.

Sans titre
Crayon gris, 17 x 9,6 cm
Annoté et daté en bas à droite :
22 mai 1920
Achat du Musée en juin 1997
N° 997. 3.19.

Sans titre
Crayon gris, 31,3 x 24 cm
Numéroté en bas à gauche : *2*
Numéroté en bas à droite : *N° 2*
Achat du Musée en juin 1997
N° 997. 3.20.

Sans titre
Crayon gris, 31,4 x 24 cm
Numéroté en bas à droite : *N° 4 D*
Achat du Musée en juin 1997
N° 997. 3.21.

Sans titre
Crayon gris, 32 x 24,5 cm
Annoté et daté en bas à gauche :
3 août 1937
Achat du Musée en juin 1997
N° 997. 3.22.

Sans titre
Crayon gris, 15,8 x 24,3 cm
Annoté et daté en bas à gauche : *avril 1917*
Achat du Musée en juin 1997
N° 997. 3.23.

Digne, Pré-de-Foire
Crayon gris, 24,5 x 32,3 cm
Annoté et daté en bas à gauche :
Digne, Pré-de-Foire 26 août 1938
Achat du Musée en juin 1997
N° 997. 3.24.

Digne, Pré-de-Foire
Crayon gris, 24,5 x 32,2 cm
Annoté et daté en bas à gauche :
Digne, Pré-de-Foire 12 septembre 1938
Achat du Musée en juin 1997
N° 997. 3.25.

Pré-de-Foire
Crayon gris, 19,5 x 26,6 cm
Annoté et daté en bas à gauche :
Pré-de-Foire 5/9, 81
Achat du Musée en juin 1997
N° 997. 3.26.

Pré-de-Foire, Digne
Crayon gris, 19,5 x 26,7 cm
Annoté en bas à gauche :
Pré-de-Foire, Digne
Annoté et daté en bas à droite : *8/9 81*
Achat du Musée en juin 1997
N° 997. 3.27.

Cours des Arès
Crayon gris sur papier bleu, 19,5 x 26,8 cm
Annoté et daté en bas à gauche :
Cours des Arès 5/10, 81
Annoté en bas à droite : *Digne*
Achat du Musée en juin 1997
N° 997. 3.28.

Rue de la Traverse
Crayon gris, 32 x 24,6 cm
Annoté en bas à gauche : *Digne*
Annoté et daté en bas à droite :
Rue de la Traverse 8 juillet 1939
Achat du Musée en juin 1997
N° 997. 3.29.

Digue des Ferréols
Crayon gris, 26,7 x19,5 cm
Annoté et daté en bas à gauche :
Digue des Ferréols, 17 octobre 1910
Achat du Musée en juin 1997
N° 997. 3.30.

Boulevard
Crayon gris, 21,7 x 30 cm
Annoté et daté en bas à gauche :
Boulevard 6/10, 87
Achat du Musée en juin 1997
N° 997. 3.31.

Grande Fontaine
Crayon gris, 26,8 x 19,5 cm
Annoté et daté en bas à gauche :
Grande Fontaine, 6/10, 87
Achat du Musée en juin 1997
N° 997. 3.32.

Sans titre
Crayon gris, 24,5 x 32 cm
Annoté et daté en bas à droite :
23 août 32
Achat du Musée en juin 1997
N° 997. 3.33.

Sans titre
Crayon gris, 24,5 x 32 cm
Annoté et daté en bas à gauche : *11/9-36*
Achat du Musée en juin 1997
N° 997. 3.34.

Sans titre
Crayon gris, 32 x 24,3 cm
Annoté et daté en bas à gauche :
9-10 septembre 1936
Achat du Musée en juin 1997
N° 997. 3.35.

Digne, 17 octobre 1910
Crayon gris sur papier marron,
21,8 x 30,2 cm
Annoté et daté en bas à gauche :
Digne, 17 octobre 1910
Achat du Musée en juin 1997
N° 997. 3.36.

Saint Lazare
Étude encre sépia, 23 x 39,7 cm
Annotée et datée en bas à gauche :
Saint Lazare 31 août 76
Achat du Musée en juin 1997
N° 997. 3.37.

St Lazare
Étude encre sépia, 22,3 x 37,5 cm
Annotée et datée en bas à droite :
St Lazare 27 septembre 76
Achat du Musée en juin 1997
N° 997. 3.38.

St Lazare
Étude crayon gris, 19,5 x 24,5 cm
Annotée et datée en bas à gauche :
St Lazare 30/9, 87
Achat du Musée en juin 1997
N° 997. 3.39.

Mardaric à Notre-Dame
Étude encre sépia, 22 x 29,7 cm
Annotée et datée en bas à gauche :
mardaric à Notre-Dame juin 1876
Achat du Musée en juin 1997
N° 997. 3.40.

Sièyes
Étude encre, 25 x 28,5 cm
Annotée et datée en bas à droite :
Sièyes 5 juillet 78
Achat du Musée en juin 1997
N° 997. 3.41.

Gaubert
Crayon gris, 19,5 x 27 cm
Annoté et daté en bas à gauche :
Gaubert 25/10 86
Achat du Musée en juin 1997
N° 997. 3.42.

Gaubert
Crayon gris, 19,5 x 26,5 cm
Annoté et daté en bas à droite :
Gaubert 18/11 1886
Achat du Musée en juin 1997
N° 997. 3.43.

Gaubert
Crayon gris, 19,5 x 27 cm
Annoté et daté en bas à droite :
Gaubert 18/11 1886
Achat du Musée en juin 1997
N° 997. 3.44.

fig. 4
Gaubert
Crayon gris sur papier gris, 23 x 31 cm
Annoté et daté en bas à gauche :
Gaubert 10/12 88
Achat du Musée en juin 1997
N° 997. 3.45.

Gaubert
Crayon gris sur papier gris, 23,3 x 31 cm
Annoté et daté en bas à gauche :
Gaubert 16/10 88
Achat du Musée en juin 1997
N° 997. 3.46.

Gaubert
Crayon gris sur papier gris, 18,5 x 31 cm
Annoté et daté en bas à gauche :
Gaubert 18/10 88
Achat du Musée en juin 1997
N° 997. 3.47.

Gaubert
Crayon gris sur papier, 23 x 31 cm
Annoté et daté en bas à gauche :
Gaubert 20/10 88
Achat du Musée en juin 1997
N° 997. 3.48.

Gaubert
Étude encre sépia, 29 x 39 cm
Annotée et datée en bas à gauche :
Gaubert 19 juillet
Achat du Musée en juin 1997
N° 997. 3.49.

Gaubert
Étude encre sépia, 34 x 29 cm
Annotée et datée en bas à gauche :
Gaubert 20 juillet 77
Achat du Musée en juin 1997
N° 997. 3.50.

Gaubert
Étude encre sépia, 34 x 29 cm
Annotée et datée en bas à droite :
Gaubert août 77
Achat du Musée en juin 1997
N° 997. 3.51.

Gaubert
Étude encre sépia, 29 x 39 cm
Annotée et datée en bas à gauche :
Gaubert 23-26 juillet 77
Achat du Musée en juin 1997
N° 997. 3.52.

Gaubert
Étude encre sépia, 28,5 x 37,5 cm
Annotée et datée en bas à gauche :
Gaubert 18-20 août 77
Achat du Musée en juin 1997
N° 997. 3.53.

Gaubert
Crayon gris, 26,3cm x 19 cm
Annoté et daté en bas à gauche :
Gaubert 14 août 86
Achat du Musée en juin 1997
N° 997. 3.54.

Gaubert
Crayon gris, 19,5 x 26,8 cm
Annoté et daté en bas à gauche :
Gaubert 15/11 86
Achat du Musée en juin 1997
N° 997. 3.55.

Gaubert
Crayon gris, 19,5cm x 26,8 cm
Annoté et daté en bas à gauche :
Gaubert 20/11
Daté en bas à droite : *1886*
Achat du Musée en juin 1997
N° 997. 3.56.

Gaubert
Crayon gris sur papier bleu, 19,5 x 26,5 cm
Annoté et daté en bas à gauche :
Gaubert 2/11 87
Achat du Musée en juin 1997
N° 997. 3.57.

Gaubert
Crayon gris, 23 x 31 cm
Annoté et daté en bas à droite :
Gaubert 3/11 87
Achat du Musée en juin 1997
N° 997. 3.58.

fig. 3
Gaubert
Crayon gris, 23,2 x 31,2 cm
Annoté et daté en bas à gauche :
Gaubert 10/11 87
Achat du Musée en juin 1997
N° 997. 3.59.

Gaubert
Crayon gris sur papier gris, 18 x 31 cm
Annoté et daté en bas à gauche :
Gaubert 15/10 88
Achat du Musée en juin 1997
N° 997. 3.60.

Près la ferme Brunel, Gaubert
Crayon gris, 19,5 x 26,8 cm
Annoté et daté en bas à gauche :
près la ferme Brunel, Gaubert 25/10 87
Achat du Musée en juin 1997
N° 997. 3.61.

Gaubert
Crayon gris, 19,5 x 26,5 cm
Annoté et daté en bas à gauche :
Gaubert 27/10 1886
Achat du Musée en juin 1997
N° 997. 3.62.

Gaubert
Crayon gris, 23 x 31 cm
Annoté et daté en bas à droite :
Gaubert 13/10 88
Achat du Musée en juin 1997
N° 997. 3.63.

Gaubert, campagne du Pilo
Crayon gris, 23 x 31 cm
Annoté et daté en bas à gauche :
Gaubert, campagne du Pilo
Daté en bas à droite : *8/11 87*
Achat du Musée en juin 1997
N° 997. 3.64.

Ferme Sicard
Crayon gris sur papier bleu, 31 x 23 cm
Annoté et daté en haut à gauche :
Ferme Sicard
Daté en bas à gauche : *Gaubert 22/10 88*
Achat du Musée en juin 1997
N° 997. 3.65.

Gaubert
Crayon gris, 19 x 26,5 cm
Annoté et daté en bas à gauche :
Gaubert 14 août 86
Annoté en bas à droite :
1er croquis du cabaret
Achat du Musée en juin 1997
N° 997. 3.66.

Cabaret de Gaubert
Crayon gris sur papier bleu, 23 x 31 cm
Annoté et daté en bas à gauche :
8/11 3h 1888
Annoté en bas à droite : *Cabaret de Gaubert*
Achat du Musée en juin 1997
N° 997. 3.67.

Cour du cabaret
Crayon gris, 26,8 x 19,5 cm
Annoté et daté en bas à gauche :
cour du cabaret 25/10 87
Achat du Musée en juin 1997
N° 997. 3.68.

Écurie du Cabaret
Crayon gris, 19,5 x 26,8 cm
Annoté en bas à gauche : *très belle*
Annoté et daté en bas à droite :
Écurie du Cabaret de Gaubert, 25/10 87
Achat du Musée en juin 1997
N° 997. 3. 69.

Hostelleries
Crayon gris, 19,5 x 26,8 cm
Annoté en bas à gauche : *Gaubert*
Annoté et daté en bas à droite :
Hostelleries 27/10 87
Achat du Musée en juin 1997
N° 997. 3.70.

Hostelleries
Crayon gris sur papier bleu, 19,5 x 26,8 cm
Annoté en bas à gauche : *Gaubert*
Annoté et daté en bas à droite :
Hostelleries 27/10 1887
Achat du Musée en juin 1997
N° 997. 3.71.

Courbons
Crayon gris, 19,5 x 26,8 cm
Annoté et daté en bas à droite :
Courbons 2/10 87
Achat du Musée en juin 1997
N° 997. 3.72.

Courbons
Crayon gris sur papier bleu, 19,5 x 26,8 cm
Annoté et daté en bas à gauche :
Courbons 2/10, 87
Achat du Musée en juin 1997
N° 997. 3.73.

Grillons
Crayon gris, 23 x 32 cm
Annoté et daté en bas à gauche :
Grillons 18/9 87
Achat du Musée en juin 1997
N° 997. 3.74.

Marcoux
Crayon gris, 19,5 x 26,8 cm
Annoté et daté en bas à gauche :
Marcoux, 3 août 1920
Achat du Musée en juin 1997
N° 997. 3.75.

Marcoux
Crayon gris, 21,8 x 32,8 cm
Annoté et daté en bas à droite :
Marcoux, 18 août 1932
Achat du Musée en juin 1997
N° 997. 3.76.

Marcoux
Crayon gris, 16,5 x 26,8 cm
Annoté et daté en bas à gauche :
Marcoux, 22/6 87
Achat du Musée en juin 1997
N° 997. 3.77.

Marcoux
Croquis crayon gris, 19,5 x 26,8 cm
Annoté et daté en bas à gauche :
Marcoux, 26/7 1887
Annoté en bas à droite :
premier croquis de la Foulaison
Achat du Musée en juin 1997
N° 997. 3.78.

Marcoux
Crayon gris, 22,5 x 30,8 cm
Annoté et daté en bas à droite :
Marcoux, 21/9 1889
Achat du Musée en juin 1997
N° 997. 3.79.

Marcoux
Esquisse crayon gris, 23 x 31 cm
Annotée et datée en bas à gauche :
Marcoux, 13 /11 96
Achat du Musée en juin 1997
N° 997. 3.80.

Marcoux
Crayon gris, 26,5 x 23 cm
Annoté et daté en bas à gauche :
Marcoux, 31 août 99
Achat du Musée en juin 1997
N° 997. 3.81.

Marcoux
Crayon gris, 19,5 x 26,8 cm
Annoté et daté en bas à gauche :
Marcous, 5/6 87
Achat du Musée en juin 1997
N° 997. 3.82.

Marcoux
Esquisse crayon gris, 19,5 x 26,8 cm
Annotée et datée en bas à gauche :
Marcoux, 22/6, 87
Achat du Musée en juin 1997
N° 997. 3.83.

Marcoux
Crayon gris sur papier gris, 23 x 31 cm
Annoté et daté en bas à gauche :
Marcoux, 24/9 88
Achat du Musée en juin 1997
N° 997. 3.84.

Marcou
Crayon gris sur papier bleu-vert, 23 x 31 cm
Annoté et daté en bas à gauche :
Marcou, 12/10 88
Achat du Musée en juin 1997
N° 997. 3.85.

Seyne 10 août 1931
Esquisse crayon gris, 24 x 32,7 cm
Annotée et datée en bas à gauche : *Seyne 10 août 1931*
Achat du Musée en juin 1997
N° 997. 3.86.

Armoiries de Sisteron
Crayon gris sur papier gris, 30,6 x 23,2 cm
Annoté bord supérieur à gauche :
Armoiries de Sisteron
Annoté et daté bord inférieur gauche 1897
Achat du Musée en juin 1997
N° 997. 3.87.

Sisteron
Crayon gris, 23 x 30,8 cm
Annoté et daté en bas à gauche :
Sisteron, août 97
Achat du Musée en juin 1997
N° 997. 3.88.

Sisteron, de la Durance
Crayon gris, 23,2 x 31 cm
Annoté et daté en bas à gauche :
Sisteron, de la Durance, 18/796
Achat du Musée en juin 1997
N° 997. 3.89.

Sisteron, de la Durance
Crayon gris, 23 x 29,5 cm
Annoté et daté en bas à gauche :
Sisteron de la Durance 18/7 96
Achat du Musée en juin 1997
N° 997. 3.90.

Sisteron - Le rocher de la Baume
Crayon gris sur papier gris, 30,8 x 31 cm
Annoté et daté en haut à gauche : *Sisteron - Le rocher de la Baume. 20/8, 96*
Achat du Musée en juin 1997
N° 997. 3.91.

Sisteron - De dessus le pont de la Baume
Esquisse crayon gris sur papier bleu, 23 x 31 cm
Annotée en bas à gauche :
Sisteron - De dessus le pont de la Baume
Datée en bas à droite : *13/8 - 96-*
Achat du Musée en juin 1997
N° 997. 3.92.

Sisteron - De la Baume
Crayon gris, 23 x 31 cm
Annoté en bas à gauche :
Sisteron, de la Baume
Daté en bas à droite : *7/8, 96*
Achat du Musée en juin 1997
N° 997. 3.93.

Sisteron - De St Marcel
Crayon gris, 23 x 31 cm
Annoté en bas à gauche :
Sisteron, de St Marcel
Daté en bas à droite : *7/8, 96*
Achat du Musée en juin 1997
N° 997. 3.94.

Sisteron - De la route de Salignac
Crayon gris, 23 x 30,8 cm
Annoté en bas à gauche :
Sisteron, De la route de Salignac
Daté en bas à droite : *10/8, 96*
Achat du Musée en juin 1997
N° 997. 3.95.

L'Hôpital et la route de la gare, Sisteron
Crayon gris sur papier bleu, 23,2 x 30,8 cm
Annoté en bas à gauche :
L'Hôpital et la route de la gare
Daté en bas à droite : *Sisteron 11 novembre 98*
Achat du Musée en juin 1997
N° 997. 3.96.

La Foulaison, Sisteron
Esquisse Crayon gris, 23,2 x 30,8 cm
Annotée et datée en bas à gauche :
la Foulaison Sisteron, 26 juillet 1899
Achat du Musée en juin 1997
N° 997. 3.97.

Montfort près de St Auban
Esquisse crayon gris, 19 x 26,5 cm
Datée en bas à gauche : *juillet 85*
Datée en bas à droite : *Montfort près de St Auban*
Achat du Musée en juin 1997
N° 997. 3.98.

Ganagobie
Crayon gris, 23,2 x 31 cm
Annoté et daté en bas à gauche :
Ganagobie, 12 sept 94
Achat du Musée en juin 1997
N° 997. 3.99.

La Brillanne
Croquis crayon gris, 19 x 24,5 cm
Annoté en bas à gauche : *La Brillanne*
Daté en bas à droite : *juillet 85*
Achat du Musée en juin 1997
N° 997. 3.100.1

La Brillanne sur le plateau des aires
Esquisse crayon gris, 19 x 24,5 cm
Annotée en bas à gauche :
La Brillanne - sur le plateau des aires
Datée en bas à droite : *juillet 85*
Achat du Musée en juin 1997
N° 997. 3.100.2

Lurs
Esquisse crayon gris, 19 x 24 cm
Annotée et datée en bas à gauche :
Lurs juillet 85
Achat du Musée en juin 1997
N° 997. 3.101.

Pras d'Asse
Croquis encre sépia, 24,7 x 40,3 cm
Annoté en bas à gauche :
Pras d'Asse 26 juillet 78
Achat du Musée en juin 1997
N° 997. 3.102.

Pras d'Asse
Croquis encre sépia, 27,3 x 39 cm
Annoté et daté en bas à gauche :
Pras d'Asse 3 octobre 76
Annoté en bas à droite : *8) 3/4*
Achat du Musée en juin 1997
N° 997. 3.103.

Puimoisson
Esquisse crayon gris, 19,5 x 26,7 cm
Annotée et datée en bas à gauche :
Puimoisson 1er / 9 87
Achat du Musée en juin 1997
N° 997. 3.104.

Vallée du Verdon et Eguines
Croquis crayon gris, 19,5 x 26,8 cm
Annoté en bas à gauche : *Vallée du Verdon et Eguines du pont de la Maïrée*
Daté en bas à droite : *31/ 8 87*
Achat du Musée en juin 1997
N° 997. 3.105.

Sur l'ancienne route de Riez à Moustiers, en vue de St Martin
Crayon gris
19,5 x 26,8 cm
Annoté en bas à gauche : *Sur l'ancienne route de Riez à Moustiers en vue de St Martin*
Daté en bas à droite : 1/9, 87
Achat du Musée en juin 1997
N° 997. 3.106.

Sur l'ancienne route de Riez à Moustiers, en vue de Moustiers
Esquisse crayon gris sur papier bleu, 19,5 x 26,8 cm
Annotée en bas à gauche : *Sur l'ancienne route de Riez à Moustiers en vue de Moustiers*
Datée en bas à droite : *87 1/9*
Achat du Musée en juin 1997
N° 997. 3.107.

Moustiers vu du Pont de la Maïré
Crayon gris, 19,5 x 26,8 cm
Annoté en bas à gauche :
Moustiers vu du pont de la Maïré
Daté en bas à droite : *31/8, 87*
Achat du Musée en juin 1997
N° 997. 3.108.

Moustiers vu du Riou
Esquisse crayon gris, 19,5 x 26,8 cm
Annotée en bas à gauche :
Moustiers vu du Riou
Datée en bas à droite : *31/8, 87*
Achat du Musée en juin 1997
N° 997. 3.109.

Moustiers du mouton couronné
Croquis crayon gris, 26,5 x 19,6 cm
Annoté en bas à gauche :
Moustiers du mouton couronné
Daté en bas à droite : *31/8, 87*
Achat du Musée en juin 1997
N° 997. 3.110.

Moustiers, montée de notre Dame de Beauvoir
Esquisse crayon gris, 26,8 x 19,5 cm
Annotée en bas à gauche : *Moustiers*
Datée et annotée en bas à droite : *31/8, 87 montée de notre Dame de Beauvoir*
Achat du Musée en juin 1997
N° 997. 3.111.

Moustiers de la Malou
Croquis crayon gris, 19,5 x 26,8 cm
Annoté en bas à gauche :
Moustiers de la Malou
Daté en bas à droite : *31/8 87*
Achat du Musée en juin 1997
N° 997. 3.112.

Moustiers, St Jean
Crayon gris, 19,5 x 26,8 cm
Annoté en bas à gauche :
St Jean, Moustiers
Daté en bas à droite : *87- 2/9*
Achat du Musée en juin 1997
N° 997. 3.113.

Manosque
Crayon gris, 26,5 x 19 cm
Annoté et daté en bas à gauche :
Manosque juillet 85
Achat du Musée en juin 1997
N° 997. 3.114.1

Vue du village de Vinon
Croquis crayon gris, 19 x 26,8 cm
Annoté et daté en bas à gauche :
Vinon 6 juillet 85
Achat du Musée en juin 1997
N° 997. 3.114.2

Sur la terrasse de la campagne
Crayon gris sur papier marron, 38,5 x 49,5 cm
Annoté et daté en bas à gauche :
Novembre 1900 - Sur la terrasse de la campagne
Achat du Musée en juin 1997
N° 997. 3.115.

Marseille, le Pharo entrée du port vu de la mer
Esquisse crayon gris, 23 x 31 cm
Annotée et datée en bas à gauche : *Pharo 15/2 94*
Achat du Musée en juin 1997
N° 997. 3.116.

Marseille, le château Borelly vu de gauche
Crayon gris, 23 x 30,5 cm
Annoté et daté en bas à gauche :
Château Borelly 26/3 94
Achat du Musée en juin 1997
N° 997. 3.117.

Marseille, le château Borelly vu de droite
Esquisse crayon gris, 23 x 30,8 cm
Annotée et datée en bas à gauche :
Château Borelly 26/3 94
Achat du Musée en juin 1997
N° 997. 3.118.

Marseille, le château Borelly
Crayon gris, 24,2 x 31,8 cm
Annoté et daté en bas à gauche :
Château Borelly 5 juin 31
Achat du Musée en juin 1997
N° 997. 3.119.

Marseille, le château Borelly
Crayon gris, 24,5 x 32 cm
Annoté et daté en bas à gauche :
Château Borelly 8 juin 31
Achat du Musée en juin 1997
N° 997. 3.120.

Les Aygalades
Crayon gris, 23 x 30,8 cm
Annoté et daté en bas à gauche :
les Aygalades 14 février 94
Achat du Musée en juin 1997
N° 997. 3.121.

Maldormé
Crayon gris, 23 x 30,8 cm
Annoté et daté en bas à gauche :
Maldormé 26 mars, 94
Achat du Musée en juin 1997
N° 997. 3.122.

St Joseph
Crayon gris, 23 x 31cm
Annoté et daté en bas à gauche :
St Joseph 14/2 94
Achat du Musée en juin 1997
N° 997. 3.123.

Pas de lanciers
Esquisse crayon gris, 19 x 26,3 cm
Annotée en bas à gauche :
Pas de lanciers - près la gare
Datée en bas à droite : *mars 84*
Achat du Musée en juin 1997
N° 997. 3.124.

Eyguières, place de la Croix de Prêche
Crayon gris, 24,3 x 31,8 cm
Annoté en bas à gauche :
Place de la Croix de Prêche Eyguières 4/7- 29
Annoté en bas à droite: *La Font-Cocotte*
Achat du Musée en juin 1997
N° 997. 3.125.

Eyguières, la place Thiers
Crayon gris, 24 x 31,7 cm
Annoté en bas à gauche :
la Place Thiers Eyguières mercredi 3/7- 29
Achat du Musée en juin 1997
N° 997. 3.126.

Eyguières, du quartier St Joseph
Crayon gris, 24,2 x 31,8 cm
Annoté en bas à gauche : *Eyguières, du quartier St Joseph 10 juin 1930*
Annoté en bas à droite : *10/6 30*
Achat du Musée en juin 1997
N° 997. 3.127.

Eyguières, du Mont-Menu
Crayon gris, 24 x 31,8 cm
Annoté et daté en bas à gauche :
Eyguières, du Mont-Menu 28 juin 1930
Achat du Musée en juin 1997
N° 997. 3.128.

Eyguières, vue du Montmenu
Crayon gris, 24, 5 x 31,7 cm
Annoté en bas à gauche :
Eyguières, vue du Montmenu jeudi, 4/ 7- 29
Achat du Musée en juin 1997
N° 997. 3.129.

Commanderie des Taillades
Esquisse crayon gris, 24,5 x 31,7 cm
Annotée et datée en bas à droite :
Commanderie des Taillades environs d'Eyguières Dimanche 29 mars 1931
Achat du Musée en juin 1997
N° 997. 3.130.

Maussane, place Paul Revoil
Crayon gris, 32 x 49 cm
Annoté et daté en bas à gauche : *La place Paul Revoil à Maussane, 14 mars 1929*
Achat du Musée en juin 1997
N° 997. 3.131.

Les Baux
Crayon gris, 24,5 x 31,7 cm
Annoté et daté en bas à droite :
les Baux, 28 mars 1929
Achat du Musée en juin 1997
N° 997. 3.132.

Les Baux
Crayon gris, 24,3 x 32 cm
Annoté et daté en bas à droite :
es Baux, 29 mars 1929
Achat du Musée en juin 1997
N° 997. 3.133.

Les Baux
Crayon gris, 24,5 x 31,8 cm
Annoté et daté en bas à gauche :
les Baux 28 mars 1929
Achat du Musée en juin 1997
N° 997. 3.134.

Rives près Voiron
Esquisse crayon gris, 22,5 x 31 cm
Datée en bas à gauche : *6 / 6 88*
Annotée en bas à droite : *Rives près Voiron*
Achat du Musée en juin 1997
N° 997. 3.135.

Rives près Voiron
Esquisse crayon gris, 22,5 x 31 cm
Annotée et datée en bas à gauche :
Rives près Voiron mercredi 6 juin 88
Achat du Musée en juin 1997
N° 997. 3.136.

Lalley
Croquis crayon gris, 23 x 30,7 cm
Annoté et daté en bas à gauche :
Lalley 16/7, 96
Achat du Musée en juin 1997
N° 997. 3.137.

Lalley
[Route et village]
Esquisse crayon gris, 23 x 30,3 cm
Annotée et datée en bas à gauche :
Lalley 16/7, 96
Achat du Musée en juin 1997
N° 997. 3.138.

Lalley
[Le village]
Esquisse crayon gris, 23,2 x 30,5 cm
Annotée et datée en bas à gauche :
Lalley 16/7, 96
Achat du Musée en juin 1997
N° 997. 3.139.

Lalley
Crayon gris, 23 x 30,5 cm
Annoté et daté en bas à gauche :
Lalley 16/7, 96
Achat du Musée en juin 1997
N° 997. 3.140.

Lalley
Crayon gris, 23,2 x 30,6 cm
Annoté et daté en bas à gauche :
Lalley 16/7, 96
Achat du Musée en juin 1997
N° 997. 3.141.

Lalley
Croquis crayon gris, 23,2 x 31 cm
Annoté et daté en bas à gauche :
Lalley 16/7, 96
Achat du Musée en juin 1997
N° 997. 3.142.

Logis neuf
Crayon gris, 19,5 x 26,8 cm
Annoté et daté en bas à gauche :
Logis neuf 6/8/87
Annoté en bas à droite : *jour de l'orage*
Achat du Musée en juin 1997
N° 997. 3.143.

Bessancourt
Croquis crayon gris sur papier marron, 19 x 26,4cm
Annoté et daté en bas à gauche :
Bessancourt 22 juillet 84
Annoté en bas à droite :
1er croquis de la moisson
Achat du Musée en juin 1997
N° 997. 3.144.

fig. 56
Campagne au clair de lune
Aquarelle
Signée en bas à gauche : *Etienne Martin1870*
Annotée au dos D'après Ziem
Achat du musée en 1997
N° 997.3.145

La Fête-Dieu
Aquarelle, 150 x 200 cm
Annotée en bas à gauche :
La Fête-Dieu à Digne
Signée en bas au centre : *Etienne Martin*
Annotée en haut à gauche
Achat du musée en 1997
N° 997.3.146

Notre-Dame - Digne
Aquarelle
Annotée en bas à droite :
Notre-Dame – Digne
Achat du musée en 1997
N° 997.3. 147

PAUL MARTIN

AQUARELLES

Les Chauchets à Digne, la nuit
Aquarelle sur papier, 58 x 88 cm
Signée en bas à gauche : *Paul Martin*
Don de l'artiste en 1904
N° 312-904. 32. 13.

Bords du Verdon
Aquarelle sur papier, 57 x 88 cm
Signée en bas à droite : *Paul Martin*
Don de l'artiste en 1889
N° 313-889. 10. 11.

Bords de la Durance
Aquarelle sur papier, 56 x 86 cm
Signée en bas à gauche : *Paul Martin*
Don d'Étienne Martin en 1904
N° 314-904. 32. 14.

Matinée d'hiver (Bois du Grand Séminaire, à Digne)
Aquarelle sur papier, 32,1 x 22,7 cm
Signée en bas à gauche : *Paul Martin*
Don de l'artiste en 1889
N° 315-889. 10. 10.

Bords de l'étang de Berre
Aquarelle sur papier, 20 x 29,9 cm
Signée en bas à gauche : *Paul Martin*
Don de l'artiste en 1885
N° 316-885. 4. 6.

Bords de l'Asse
Aquarelle sur papier, 20,4 x 28,8 cm
Signée en bas à gauche : *Paul Martin*
Don de l'artiste en 1885
N° 317-885. 4. 7.

Une mare
Aquarelle sur papier, 20,1 x 28,5 cm
Signée en bas à droite : *Paul Martin*
Don de l'artiste en 1885
N° 318-885. 4. 8.

Bords de la Bléone
Aquarelle sur papier, 14,7 x 24 cm
Signée en bas à droite : *Paul Martin*
Don de l'artiste en 1885
N° 319-885. 4. 9.

Marais au clair de lune
Aquarelle sur papier, 13,3 x 17,9 cm
Signée en bas à gauche : *Paul Martin*
Don de l'artiste en 1885
N° 320-885. 4. 10.

Gorge de Chardavon
Aquarelle sur papier, 11,9 x 16,5
Signée en bas à gauche : *Paul Martin*
Don de l'artiste en 1885
N° 321-885. 4. 11.

À Chabrières
Aquarelle sur papier, 19,3 x 27,4 cm
Monogrammée en bas à droite : *P. M.*
En bas à gauche : *À Chabrières*
Don d'Étienne Martin en 1904
N° 322a-904. 32. 15.

À Marcoux
Aquarelle sur papier, 19,2 x 30 cm
Signée et datée en bas à droite : *P. Martin 70*
En bas à gauche : *Marcous*
Don d'Étienne Martin en 1904
N° 322b-904. 32. 16.

Aux Grillons
Aquarelle sur papier, 26,5 x 39,5 cm
Monogrammée en bas à gauche : *P. M.*
Don d'Étienne Martin en 1904
N° 322c-904. 32. 17.

À Gaubert
Aquarelle sur papier, 37,6 x 55,6 cm
Monogrammée en bas à droite : *P. M.*
En bas à gauche : *À Gaubert*
Don d'Étienne Martin en 1904
N° 322d-904. 32. 18.

À Cousson
Aquarelle sur papier, 43,7 x 29,8 cm
Monogrammée en bas à gauche : *P. M.*
En bas à droite : *À Cousson*
Don d'Étienne Martin en 1904
N° 322^{E}-904. 32. 19.

À Chabrières
Aquarelle sur papier, 40,3 x 27,4 cm
Signée et datée en bas à gauche : *P. Martin 69*
Don d'Étienne Martin en 1904
N° 322f-904. 32. 20.

La Pia de Roland
Aquarelle sur papier, 18,4 x 27,1 cm
Monogrammée en bas à droite : *P. M.*
En bas à gauche : *Pia de Roland*
Don d'Étienne Martin en 1904
N° 322g-904. 32. 21.

Bords de la Bléone
Aquarelle sur papier, 20,1 x 28,7 cm
Monogrammée en bas à gauche : *P. M.*
Don d'Étienne Martin en 1904
N° 322h-904. 32. 22.

Aux Sièyes
Aquarelle sur papier, 28,2 x 38,4 cm
Monogrammée en bas à droite : *P. M.*
En bas à gauche : *Aux Sièyes*
Don d'Étienne Martin en 1904
N° 322i-904. 32. 23.

À Sainte-Marguerite, près de Marseille
Aquarelle sur papier, 19,1 x 28,8 cm
Monogrammée en bas à gauche : *P. M.*
En bas à droite : *À Ste Marguerite*
Don d'Étienne Martin en 1904
N° 323a-904. 32.24.

Bords de l'Argens
Aquarelle sur papier, 18,2 x 29,3 cm
Monogrammée en bas à droite : *P. M.*
En bas à gauche : *Bords de l'Argens*
Don d'Étienne Martin en 1904
N° 323b-904. 32. 25.

À Roquebrune
Aquarelle sur papier, 29,7 x 42,8 cm
Monogrammée en bas à droite : *P. M.*
En bas à gauche : *À Roquebrune*
Don d'Étienne Martin en 1904
N° 323c-904. 32. 26.

Aux Martigues
Aquarelle sur papier, 30,3 x 42,9 cm
Monogrammée en bas à gauche : *P. M.*
Don d'Étienne Martin en 1904
N° 323d-904. 32.27.

Bords de la Durance
Aquarelle sur papier, 37,5 x 55,7 cm
Monogrammée en bas à droite : *P. M.*
En bas à gauche : *Bords de la Durance*
Don d'Étienne Martin en 1904
N° 323^{E}-904. 32. 28.

Aux Grillons
Aquarelle sur papier, 18,8 x 28,1 cm
Située, datée et signée en bas à gauche :
Aux Grillons/70. 19 8bre/P. Martin
Don d'Étienne Martin en 1904
N° 323f-904. 32. 29.

Bords de la Bléone, aux Grillons
Aquarelle sur papier, 22,3 x 32,8 cm
Signée en bas à droite : P. Martin
Située, datée en bas à gauche :
Aux Grillons 14 8bre 69
Don d'Étienne Martin en 1904
N° 323g-904. 32. 30.

Soleil couchant, aux Grillons
Aquarelle sur papier, 28,5 x 40,5 cm
Monogrammée en bas à droite : *P. M.*
En bas à gauche : *Aux Grillons*
Don d'Étienne Martin en 1904
N° 323h-904. 32. 31.

Notre-Dame
Aquarelle sur papier, 11,8 x 19,1 cm
Monogrammée en bas à droite : *P. M.*
Située et datée en bas à gauche :
Notre-Dame/20 Août 72
Don d'Étienne Martin en 1904
N° 324a-904. 32.32.

Bords de la Bléone
Aquarelle sur papier, 11,8 x 19,3 cm
Signée en bas à droite : *P. Martin*
Située et datée en bas à gauche :
A St. Lazare/ Bords de la Bléone/Août 71
Don d'Étienne Martin en 1904
N° 324b-904. 32. 33.

Vallée de la Bléone
prise de Saint-Vincent
Aquarelle sur papier, 12,4 x 19,7 cm
Monogrammée en bas à droite : *P. M.*
Située et datée en bas à gauche :
L'allée de la Bléone/17 7bre 71
Don d'Étienne Martin en 1904
N° 324c-904. 32. 34.

À Saint-Lazare
Aquarelle sur papier, 12,2 x 19,5 cm
Signée en bas à gauche : *P. Martin*
Située et datée en bas à droite :
A St Lazare/12 Août 71
Don d'Étienne Martin en 1904
N° 324d-904. 32. 35.

Fond du Brusquet
Aquarelle sur papier, 14,1 x 21,3 cm
Signée en bas à droite : *P. Martin*
Située et datée en bas à gauche :
Fond du Brusquet/6 7bre 71
Don d'Étienne Martin en 1904
N° 324e-904. 32. 36.

Aux Ferréols
Aquarelle sur papier, 12,2 x 19,5 cm
Signée en bas à droite : *P. Martin*
Située et datée en bas à gauche :
Aux Ferréols/12 Août 71
Don d'Étienne Martin en 1904
N° 324f- 904. 32. 37.

Aux Sièyes
Aquarelle sur papier, 14,7 x 20,8 cm
Signée en bas à droite : *P. Martin*
Située et datée en bas à gauche :
Digne, les Sièyes/12 7bre 71
Don d'Étienne Martin en 1904
N° 324g- 904. 32. 38.

La Digue des Ferréols
Aquarelle sur papier, 14,4 x 21,4 cm
Signée en bas à droite : *P. Martin*
Située et datée en bas à gauche :
Digue des Ferréols/1er 7bre 71
Don d'Étienne Martin en 1904
N° 324h-904. 32. 39.

À Saint-Lazare
Aquarelle sur papier, 14,9 x 21,6 cm
Monogrammée en bas à gauche : *P. M.*
Située et datée en bas à droite :
A St Lazare/1er Août 71
Don d'Étienne Martin en 1904
N° 324i- 904. 32. 40.

Aux Grillons
Aquarelle sur papier, 15,8 x 23,6 cm
Signée en bas à gauche : *P. Martin*
Située et datée en bas à droite :
Aux Grillons/26 Août 68
Don d'Étienne Martin en 1904
N° 324j- 904. 32. 41.

fig. 86
Aux Eaux-Chaudes
Aquarelle sur papier, 16,2 x 24 cm
Située, datée et signée en bas à gauche :
Les Eaux-Chaudes/5 7bre 68/ P. Martin
Don d'Étienne Martin en 1904
N° 324k- 904. 32. 42.

Aux Grillons
Aquarelle sur papier, 15,7 x 23,5 cm
Datée et signée en bas à gauche :
Digne 11 8bre 68/ P. Martin
En bas à droite : *Aux Grillons*
Don d'Étienne Martin en 1904
N° 324l- 904. 32. 43.

Cascade de Courbons
Aquarelle sur papier, 16,9 x 11,1 cm
Monogrammée en bas à droite : *P. M.*
Située et datée en bas à gauche :
Cascade de Courbons/19 8bre 71
Don d'Étienne Martin en 1904
N° 325a- 904. 32. 44.

Village de Courbons
19,1 x 12,1 cm
Aquarelle sur papier
Monogrammée en bas à droite : *P. M.*
Située et datée en bas à gauche :
Village de Courbons/11 8bre 72
Don d'Étienne Martin en 1904
N° 325b- 904. 32. 45.

À Saint-Lazare
Aquarelle sur papier, 18,6 x 11,7 cm
Signée en bas à gauche : *P. Martin*
En bas à droite : *À St Lazare*
Don d'Étienne Martin en 1904
N° 325c- 904. 32. 46.

Chemin de la croix
Aquarelle sur papier, 19,9 x 13,1 cm
Monogrammée en bas à droite : *P. M.*
Située et datée en bas à gauche :
Chemin de la croix/ 7 7bre 71
Don d'Étienne Martin en 1904
N° 325d- 904. 32. 47.

À Saint-Lazare
Aquarelle sur papier, 21,5 x 15,1 cm
Monogrammée en bas à droite : *P. M.*
Située et datée en bas à gauche :
St Lazare/7 Août 71
Don d'Étienne Martin en 1904
N° 325e- 904. 32. 48.

fig. 88
Les Rochers de Courbons
Aquarelle sur papier, 22 x 16,5 cm
Signée en bas à gauche : *P. Martin*
Située et datée en bas à droite :
Les rochers de Courbons/19 8bre 71
Don d'Étienne Martin en 1904
N° 325f- 904. 32. 49.

fig. 87
À Gaubert
Aquarelle sur papier, 21,6 x 14,6 cm
Monogrammée en bas à gauche : *P. M.*
Située et datée en bas à droite :
Peupliers blancs/à Gaubert/ 14 9bre 71
Don d'Étienne Martin en 1904
N° 325g- 904. 32. 50.

Aux Chauchets
Aquarelle sur papier, 21,4 x 14,6 cm
Monogrammée en bas à droite : *P. M.*
Située et datée en bas à gauche :
Les peupliers/des Chauchets/2 9bre 71
Don d'Étienne Martin en 1904
N° 325h- 904. 32. 51.

fig. 85
L'Ancienne Batteuse à Digne
Aquarelle sur papier, 23,4 x 16 cm
Signée en bas à gauche : *P. Martin*
Située et datée en bas à droite :
À la batteuse/20 7bre 68
Don d'Étienne Martin en 1904
N° 325i- 904. 32. 52.

Aux Orphelins
Aquarelle sur papier, 24 x 16,4 cm
Signée en bas au milieu : *P. Martin*
Située et datée en bas à gauche :
De ma fenêtre/14 7bre/après la pluie
Don d'Étienne Martin en 1904
N° 325j- 904. 32. 53.

fig. 84
Bois du Grand Séminaire
Aquarelle sur papier, 22,1 x 15,3 cm
Située, signée et datée en bas à droite :
Au bois du Gd Séminaire/P. Martin. 14 Août 08
Don d'Étienne Martin en 1904
N° 325k- 904. 32. 54.

Aux Chauchets
Aquarelle sur papier, 22,8 x 15,4 cm
Signée en bas à gauche : *P. Martin*
Située et datée en bas à droite :
Aux Chauchets/12 Août 71
Don d'Étienne Martin en 1904
N° 325l- 904. 32. 55.

Campagne Ailhaud
Aquarelle sur papier, 14,7 x 21,5 cm
Monogrammée en bas à gauche : *P. M.*
Située et datée en bas à droite :
Digne, Ailhaud, 17 8bre 71
Don d'Étienne Martin en 1908
N° 326a- 908. 15. 4.

Bords de la Bléone (vers les Sièyes)
Aquarelle sur papier, 15,5 x 23,6 cm
Signée en bas à gauche : *P. Martin*
Située et datée en bas à droite :
Bords de la Bléone, 8 Sept 68
Don d'Étienne Martin en 1908
N° 326b- 908. 15. 5.

Aux Sièyes
Aquarelle sur papier, 14,7 x 21,2 cm
Monogrammée en bas à droite : *P. M.*
Située et datée en bas à gauche :
Aux Sièyes, 14 Août 71
Don d'Étienne Martin en 1908
N° 326c- 908. 15. 6.

fig. 82
Vue de Digne
Aquarelle sur papier, 15,5 x 24,2 cm
Signée en bas à droite : P. Martin
Située et datée en bas à droite :
Vue de Digne, 12 7bre 68
Don d'Étienne Martin en 1908
N° 326d- 908. 15. 7.

fig. 83
Les Bains Thermaux
Aquarelle sur papier, 16,3 x 23,3 cm
Signée en bas à gauche : *P. Martin*
Située et datée en bas à droite :
Les Bains, 5 8bre 68
Don d'Étienne Martin en 1908
N° 326e- 908. 15. 8.

À Gaubert
Aquarelle sur papier, 15,4 x 23,4 cm
Signée en bas à droite : *P. Martin*
Située et datée en bas à droite :
À Gaubert, 9 Août 71
Don d'Étienne Martin en 1908
N° 326f- 908. 15. 9.

Vue de Digne prise de Saint-Lazare
Aquarelle sur papier, 15,7 x 23,4 cm
Signée en bas à gauche : *P. Martin*
Située et datée en bas à droite :
Vue de Digne, 17 Sept 68
Don d'Étienne Martin en 1908
N° 326g- 908. 15. 10.

Les Pras d'Asse
Aquarelle sur papier, 15,5 x 23,7 cm
Signée en bas à droite : *P. Martin*
Située et datée en bas à gauche :
Les Pras d'Asse, 7 Août 68
Don d'Étienne Martin en 1908
N° 326h- 908. 15. 11.

À Marcoux
Aquarelle sur papier, 15,6 x 23,7 cm
Signée en bas à gauche : *P. Martin*
Située et datée en bas à droite :
À Marcoux, 24 Août 68
Don d'Étienne Martin en 1908
N° 326i- 908. 15. 12.

Un Torrent, le soir
Aquarelle sur papier, 16 x 23,6 cm
Monogrammée en bas à gauche : *P. M.*
Don d'Étienne Martin en 1909
N° 327a- 909. 36. 4.

Le Cabanon, le soir
Aquarelle sur papier, 17 x 25,5 cm
Monogrammée en bas à gauche : *P. M.*
Don d'Étienne Martin en 1909
N° 327b- 909. 36. 5.

Un Vallon dans la nuit
Aquarelle sur papier, 15,8 x 24 cm
Monogrammée en bas à gauche : *P. M.*
Don d'Étienne Martin en 1909
N° 327c- 909. 36. 6.

L'Allée de peupliers au bord de l'eau
Aquarelle sur papier, 15,7 x 25,3 cm
Monogrammée en bas à gauche : *P. M.*
Don d'Étienne Martin en 1909
N° 327d- 909. 36. 7.

Le Calme dans la plaine
Aquarelle sur papier, 17,8 x 27,9 cm
Monogrammée en bas à gauche : *P. M.*
Don d'Étienne Martin en 1909
N° 327e- 909. 36. 8.

La Rivière et le bateau
Aquarelle sur papier, 17,6 x 29,6 cm
Monogrammée en bas à droite : *P. M.*
Don d'Étienne Martin en 1909
N° 327f- 909. 36. 9.

Les Deux Saules
Aquarelle sur papier, 16 x 23,6 cm
Monogrammée en bas à gauche : *P. M.*
Don d'Étienne Martin en 1909
N° 327g- 909. 36. 10.

L'Étang bordé de chênes
Aquarelle sur papier, 17 x 27,8 cm
Monogrammée en bas à droite : *P. M.*
Don d'Étienne Martin en 1909
N° 327h- 909. 36. 11.

Paysage orageux
Aquarelle sur papier, 17,9 x 26,2 cm
Monogrammée en bas à droite : *P. M.*
Don d'Étienne Martin en 1909
N° 327i- 909. 36. 12.

Dans la Rivière asséchée
Aquarelle sur papier, 18,5 x 27,8 cm
Monogrammée en bas à gauche : *P. M.*
Don d'Étienne Martin en 1909
N° 327j- 909. 36. 13.

Bouquet d'arbres
Aquarelle sur papier, 18,8 x 27,3 cm
Monogrammée en bas à droite : *P. M.*
Don d'Étienne Martin en 1909
N° 327k- 909. 36. 14.

La Tranquillité au bord de l'étang
Aquarelle sur papier, 19,2 x 28,6 cm
Monogrammée en bas à droite : *P. M.*
Don d'Étienne Martin en 1909
N° 327l- 909. 36. 15.

Dans les marais des Grillons
Dessin au lavis, 56 x 87 cm
Signée en bas à gauche : *Paul Martin*
Don d'Étienne Martin en 1904
N° 328- 904. 32. 56.

Bords de la Durance
Dessin au lavis d'encre bleue et rehauts bistre, 64 x 94 cm
Monogrammée en bas à droite : *P. M.*
Don d'Étienne Martin en 1909
N° 329- 909. 36. 16.

Dans la montagne du Cousson
Dessin au lavis d'encre bleue et rehauts bistre, 63,2 x 93,2 cm
Monogrammée en bas à gauche : *P. M.*
Don d'Étienne Martin en 1909
N° 330- 909. 36. 17.

Vue de Moustiers
Dessin au lavis d'encre de chine, 45 x 62 cm
Signée et datée en bas à gauche :
Paul Martin 1887
Don d'Étienne Martin en 1904
N° 331- 904. 32. 57.

Portrait du peintre Victor Camoin
Dessin au lavis d'encre bleue, 11,6 x 9 cm
Signée en bas à droite : *Paulin*
Annotée et datée au revers : *Portrait de Victor Camoin/Artiste peintre/par Paul Martin, 1854*
Don d'Étienne Martin en 1907
N° 332- 907. 13. 2.

Une allée de chênes à Gaubert
Dessin au lavis de sépia, 23,4 x 33,1 cm
Située et monogrammée en bas à droite :
A Gaubert/P. M.
Don de M.Étienne Martin en 1912
N° 703- 912. 5. 1.

Vue de Moustiers
Aquarelle sur papier, 22,8 x 15,2 cm
Signée en bas à gauche : *P. Martin*
Située et datée en bas à droite :
Moustiers/9 juillet 67
Don de Mme Pierre Goujon en 1921
N° 817- 921. 2. 1.

Vue de Moustiers
(la rue et le clocher de l'église)
Aquarelle sur papier, 22,9 x 15,8 cm
Signée en bas à droite : *P. Martin*
Située et datée en bas à gauche :
Moustiers/8 juillet 07
Don de Mme Pierre Goujon en 1921
N° 818- 921. 2. 2.

Les Gorges de Chardavon
Aquarelle sur papier, 12,7 x 20,1 cm
Signée et datée en bas à gauche : *P. Martin 61*
Don de M. Xavier Roustan de Mexico en 1936
N° 979- 936. 4. 1.

Mon chien
Aquarelle sur papier, 7,2 x 11,5 cm
Signée et datée en bas à droite : *Paulin Martin 59*
Don de M. Étienne Martin en 1935
N° 980- 935. 4. 2.

Repos champêtre
Aquarelle sur papier, 21,6 x 15,2 cm
Signée en bas à droite : *P. Martin*
Dédicacée en bas à droite :
À Madame Colomb/souvenirs affectueux
Don de Mme Colomb en Août 1989
N° 989. 8. 1.

Les 56 œuvres qui suivent ont été achetées pour le musée par le Conseil Général des Alpes de Haute-Provence avec l'aide du Fonds Régional d'Acquisition pour les Musées

fig. 112
Barrême, 16 juillet 1872
Aquarelle sur papier, 18,9 x 12 cm
Monogrammée en bas à droite : *P. M.*
Située et datée en bas à gauche :
Barrême/16 juillet 72
Achat du musée en juin 2004
N° 2004. 2. 1.

À Saint-André, 16 juillet 1872
Aquarelle sur papier, 11,4 x 17,9 cm
Monogrammée en bas à gauche : *P. M.*
Située et datée en bas à droite :
À St. André/16 juillet 72
Achat du musée en juin 2004
N° 2004. 2. 2.

À Thorame Haute, 16 juillet 72
Aquarelle sur papier, 12 x 18,9 cm
Monogrammée en bas à gauche : *P. M.*
Située et datée en bas à droite :
À Thorame Haute/16 juillet 72
Achat du musée en juin 2004
N° 2004. 2. 3.

fig. 102
Dans le bois de Colmars, juillet 72
Aquarelle sur papier, 10,4 x 14,6 cm
Monogrammée en bas à droite : *P. M.*
Située et datée en bas à gauche :
Dans le bois de Colmars/juillet 72
Achat du musée en juin 2004
N° 2004. 2. 4.

fig. 99
Dans le bois de Colmars, juillet 72
Aquarelle sur papier, 14,4 x 10,5 cm
Monogrammée en bas à droite : *P. M.*
Située et datée en bas à gauche :
Dans le bois de Colmars/juillet 72
Achat du musée en juin 2004
N° 2004. 2. 5.

fig. 106
Colmars, 18 juillet 72
Aquarelle sur papier, 21,4 x 14,1 cm
Monogrammée en bas à droite : *P. M.*
Située et datée en bas à gauche :
Colmars, 18 juillet 72
Achat du musée en juin 2004
N° 2004. 2. 6.

fig. 100
Colmars, 19 juillet 72
Aquarelle sur papier, 21,2 x 14,2 cm
Monogrammée en bas à droite : *P. M.*
Située et datée en bas à gauche :
Colmars/19 juillet 72
Achat du musée en juin 2004
N° 2004. 2. 7.

fig. 101
À Colmars, 19 juillet 72
Aquarelle sur papier, 21,2 x 14,3 cm
Monogrammée en bas à droite : *P. M.*
Située et datée en bas à gauche :
À Colmars/19 juillet 72
Achat du musée en juin 2004
N° 2004. 2. 8.

À Colmars, 19 juillet 72
Aquarelle sur papier, 21,3 x 14,3 cm
Monogrammée en bas à droite : *P. M.*
Située et datée en bas à gauche :
À Colmars/19 juillet 72
Achat du musée en juin 2004
N° 2004. 2. 9.

À Colmars, 19 juillet 72
Aquarelle sur papier, 21,3 x 14,4 cm
Monogrammée en bas à droite : *P. M.*
Située et datée en bas à gauche :
À Colmars/19 juillet 72
Achat du musée en juin 2004
N° 2004. 2. 10.

fig. 103
À Colmars, 20 juillet 72
Aquarelle sur papier, 21,4 x 14,4 cm
Signée en bas à droite : *Paul Martin*
Située et datée en bas à gauche :
À Colmars/20 juillet 72
Achat du musée en juin 2004
N° 2004. 2. 11.

fig. 90
Vue de Colmars, 21 juillet 72
Aquarelle sur papier, 14,6 x 21,3 cm
Monogrammée en bas à droite : *P. M.*
Située et datée en bas à gauche :
Vue de Colmars/21 juillet 72
Achat du musée en juin 2004
N° 2004. 2. 12.

fig. 92
À Colmars, 21 juillet 72
Aquarelle sur papier, 19,7 x 14,4 cm
Monogrammée en bas à gauche : *P. M.*
Située et datée en bas à droite :
À Colmars/21 juillet 72
Achat du musée en juin 2004
N° 2004. 2. 13.

fig. 91
Colmars, 21 juillet 72
Aquarelle sur papier, 21,3 x 14,3 cm
Monogrammée en bas à gauche : *P. M.*
Située et datée en bas à droite :
Colmars/21 juillet 72
Achat du musée en juin 2004
N° 2004. 2. 14.

À Colmars, 21 juillet 72
Aquarelle sur papier, 18,6 x 11,7 cm
Monogrammée en bas à droite : *P. M.*
Située et datée en bas à gauche :
À Colmars/21 juillet 72
Achat du musée en juin 2004
N° 2004. 2. 15.

À Colmars, 19 juillet 72
Aquarelle sur papier, 17,7 x 11,6 cm
Monogrammée en bas à droite : *P. M.*
Située et datée en bas à gauche :
À Colmars/19 juillet 72
Achat du musée en juin 2004
N° 2004. 2. 16.

À Colmars, 19 juillet 72
Aquarelle sur papier, 16,7 x 11,5 cm
Monogrammée en bas à droite : *P. M.*
Située et datée en bas à gauche :
À Colmars/19 juillet 72
Achat du musée en juin 2004
N° 2004. 2. 17.

Route d'Allos, 22 juillet 72
Aquarelle sur papier, 11,6 x 18,6 cm
Monogrammée en bas à droite : *P. M.*
Située et datée en bas à gauche :
Route d'Allos, 22 juillet 72
Achat du musée en juin 2004
N° 2004. 2. 18.

À Allos, 22 juillet 72
Aquarelle sur papier, 11,6 x 18,2 cm
Monogrammée en bas à droite : *P. M.*
Située et datée en bas à gauche :
À Allos, 22 juillet 72
Achat du musée en juin 2004
N° 2004. 2. 19.

Le Chadoulin à Allos, 24 juillet 72
Aquarelle sur papier, 18,9 x 11,5 cm
Monogrammée en bas à gauche : *P. M.*
Située et datée en bas à droite :
Le Chadoulin à Allos/24 juillet 72
Achat du musée en juin 2004
N° 2004. 2. 21.

fig. 110
Vue d'Allos, 24 juillet 72
Aquarelle sur papier, 11,1 x 18,6 cm
Monogrammée en bas à droite : *P. M.*
Située et datée en bas à gauche :
Vue d'Allos, 24 juillet 72
Achat du musée en juin 2004
N° 2004. 2. 22.

fig. 95
Vallée du Chadoulin, route du lac d'Allos, 23 juillet 72
Aquarelle sur papier, 11,5 x 18,4 cm
Monogrammée en bas à droite : *P. M.*
Située en bas à gauche : *Vallée du Chadoulin/ Route du lac d'Allos*
Datée en bas au milieu : *23 juillet 72*
Achat du musée en juin 2004
N° 2004. 2. 23.

Cascade du Chadoulin de la route du lac d'Allos
Aquarelle sur papier, 18,4 x 11,6 cm
Monogrammée et datée en bas à gauche :
P. M./23 juillet 72
Située et datée en bas à droite : *Cascade/ du Chadoulin/de la route du lac d'Allos*
Achat du musée en juin 2004
N° 2004. 2. 24.

fig. 108
Au lac d'Allos, 23 juillet 72
Aquarelle sur papier, 11,5 x 18,8 cm
Monogrammée en bas à droite : *P. M.*
Située et datée en bas à gauche :
Au lac d'Allos/23 juillet 72
Achat du musée en juin 2004
N° 2004. 2. 25.

fig. 89
Lac d'Allos, 23 juillet 1872
Aquarelle sur papier, 14,6 x 21,3 cm
Monogrammée en bas à droite : *P. M.*
Située et datée en bas à gauche :
Lac d'Allos 23 juillet 1872
Achat du musée en juin 2004
N° 2004. 2. 26.

fig. 116
La Foux, col d'Allos,25 juillet 72
Aquarelle sur papier, 12 x 18,9 cm
Monogrammée en bas à droite : *P. M.*
Située et datée en bas à gauche :
La Foux, col d'Allos/25 juillet 72
Achat du musée en juin 2004
N° 2004. 2. 27.

fig. 96
Col d'Allos à Barcelonnette, 25 juillet 72
Aquarelle sur papier, 11,4 x 18,9 cm
Signée en bas à droite : *Paul Martin*
Située et datée en bas à gauche :
Col d'Allos à Barcelonnette/25 juillet 72
Achat du musée en juin 2004
N° 2004. 2. 28.

fig. 97
Col d'Allos à Barcelonnette, 25 juillet 72
Aquarelle sur papier, 11,6 x 18,9 cm
Monogrammée en bas à droite : *P. M.*
Située et datée en bas à gauche :
Col d'Allos à Barcelonnette/25 juillet 72
Achat du musée en juin 2004
N° 2004. 2. 29.

fig. 98
Col d'Allos, 24 juillet 72
Aquarelle sur papier, 17,7 x 11,1 cm
Monogrammée en bas à gauche : *P. M.*
Située et datée en bas à droite :
Col d'Allos/24 juillet 72
Achat du musée en juin 2004
N° 2004. 2. 30.

fig. 93
Barcelonnette, 26 juillet 72
Aquarelle sur papier, 11,8 x 18,8 cm
Signée en bas à droite : *Paul Martin*
Située et datée en bas à gauche :
Barcelonnette 26 juillet 72
Achat du musée en juin 2004
N° 2004. 2. 31.

À Barcelonnette, 26 juillet 72
Aquarelle sur papier, 11,5 x 18,9 cm
Monogrammée en bas à droite : *P. M.*
Située et datée en bas à gauche :
À Barcelonnette, 26 juillet 72
Achat du musée en juin 2004
N° 2004. 2. 32.

À Barcelonnette, 26 juillet 72
Aquarelle sur papier, 11,7 x 19 cm
Monogrammée en bas à droite : *P. M.*
Située et datée en bas à gauche :
À Barcelonnette, 26 juillet 72
Achat du musée en juin 2004
N° 2004. 2. 33.

fig. 94
Barcelonnette, 26 juillet 72
Aquarelle sur papier, 14,6 x 21,4 cm
Monogrammée en bas à droite : *P. M.*
Située et datée en bas à gauche :
Barcelonnette, 26 juillet 72
Achat du musée en juin 2004
N° 2004. 2. 34.

À Barcelonnette, 27 juillet 72
Aquarelle sur papier, 13,9 x 19,5 cm
Signée en bas à droite : *Paul Martin*
Située et datée en bas à gauche :
À Barcelonnette, 27 juillet 72
Achat du musée en juin 2004
N° 2004. 2. 35.

À Barcelonnette, juillet 72
Aquarelle sur papier, 19,6 x 14,1 cm
Monogrammée en bas à droite : *P. M.*
Située et datée en bas à gauche :
À Barcelonnette/juillet 72
Achat du musée en juin 2004
N° 2004. 2. 36.

fig. 111
À Barcelonnette, 27 juillet 72
Aquarelle sur papier, 18,8 x 11,5 cm
Monogrammée en bas à droite : *P. M.*
Située et datée en bas à gauche :
À Barcelonnette/27 juillet 72
Achat du musée en juin 2004
N° 2004. 2. 37.

fig. 115
Le Pain de sucre à Barcelonnette, 27 juillet 72
Aquarelle sur papier, 14 x 19,3 cm
Monogrammée en bas à droite : *P. M.*
Située et datée en bas à gauche : *Le pain de sucre à Barcelonnette/27 juillet 72*
Achat du musée en juin 2004
N° 2004. 2. 38.

fig. 104
Barcelonnette, 29 juillet 72
Aquarelle sur papier, 18,5 x 11,6 cm
Signée en bas à droite : *Paul Martin*
Située et datée en bas à gauche :
Barcelonnette/29 juillet 72
Achat du musée en juin 2004
N° 2004. 2. 39.

fig. 105
La Place Manuel à Barcelonnette, 30 juillet 72
Aquarelle sur papier, 18,4 x 11,6 cm
Monogrammée en bas à droite : *P. M.*
Située et datée en bas à gauche : *La Place Manuel/ à Barcelonnette/30 juillet 72*
Achat du musée en juin 2004
N° 2004. 2. 40.

À Barcelonnette, 30 juillet 72
Aquarelle sur papier, 11,9 x 18,8 cm
Monogrammée en bas à droite : *P. M.*
Située et datée en bas à gauche :
À Barcelonnette/30 juillet 72
Achat du musée en juin 2004
N° 2004. 2. 41.

À Larche, 28 juillet 72
Aquarelle sur papier, 11,6 x 18,8 cm
Monogrammée en bas à droite : *P. M.*
Située et datée en bas à gauche :
À Larche, 28 juillet 72
Achat du musée en juin 2004
N° 2004. 2. 42.

Vallon du Lauzanier, 28 juillet 72
Aquarelle sur papier, 11,4 x 18,9 cm
Monogrammée en bas à droite : *P. M.*
Située et datée en bas à gauche :
Vallon du Lauzanier/28 juillet 72
Achat du musée en juin 2004
N° 2004. 2. 43.

fig. 109
Lac de la Magdeleine, 28 juillet 72
Aquarelle sur papier, 11,7 x 18,8 cm
Monogrammée en bas à droite : *P. M.*
Achat du musée en juin 2004
N° 2004. 2. 44.

fig. 113
Lac de la Magdeleine, 28 juillet 72
Aquarelle sur papier, *11,6 x 18,7 cm*
Monogrammée en bas à droite : *P. M.*
Située et datée en bas à gauche :
Lac de la Magdeleine, 28 juillet 72
Achat du musée en juin 2004
N° 2004. 2. 45.

Saint-Paul, 29 juillet 72
Aquarelle sur papier, 11,4 x 18,7 cm
Monogrammée en bas à gauche : *P. M.*
Située et datée en bas à droite :
Saint-Paul/29 juillet 72
Achat du musée en juin 2004
N° 2004. 2. 46.

fig. 107
Chatelard, route de l'Arche, 29 juillet 72
Aquarelle sur papier, 11,9 x 10,9 cm
Monogrammée en bas à droite : *P. M.*
Située et datée en bas à gauche :
Chatelard/route de l'Arche/29 juillet 72
Achat du musée en juin 2004
N° 2004. 2. 47.

fig. 117
Méolans, 31 juillet 72
Aquarelle sur papier, 8,9 x 11,7 cm
Monogrammée en bas à droite : *P. M.*
Située et datée en bas à gauche :
Méolans, 31 juillet 72
Achat du musée en juin 2004
N° 2004. 2. 48.

fig. 118
Vallon des Thuiles, 31 juillet 72
Aquarelle sur papier, 11,8 x 9,3 cm
Monogrammée en bas à droite : *P. M.*
Située et datée en bas à gauche :
Vallon des Thuiles/31 juillet 72
Achat du musée en juin 2004
N° 2004. 2. 49.

fig. 114
Choncelard, 31 juillet 72
Aquarelle sur papier, 11,5 x 18,3 cm
Monogrammée en bas à droite : *P. M.*
Située et datée en bas à gauche :
Choncelard, 31 juillet 72
Achat du musée en juin 2004
N° 2004. 2. 50.

fig. 119
Lauzet, 31 juillet 72
Aquarelle sur papier, 11,8 x 9,3 cm
Monogrammée en bas à gauche : *P. M.*
Située et datée en bas à droite :
Lauzet/31 juillet 72
Achat du musée en juin 2004
N° 2004. 2. 51.

Lauzet, le pont du pas de la Tour
Aquarelle sur papier, 11,7 x 8,8 cm
Monogrammée et daté en bas à droite :
P. M./31 juillet 72
En bas à gauche : *Lauzet/ Le pont du pas/ de la Tour*
Achat du musée en juin 2004
N° 2004. 2. 52.

Lac du Lauzet, 31 juillet 72
Aquarelle sur papier, 11,6 x 18,7 cm
Monogrammée en bas à droite : *P. M.*
Située et datée en bas à gauche :
Lac du Lauzet, 31 juillet 72
Achat du musée en juin 2004
N° 2004. 2. 53.

Le Lautaret, fort Saint-Vincent, 31 juillet 72
Aquarelle sur papier, 12 x 18,9 cm
Monogrammée en bas à droite : *P. M.*
Située et datée en bas à gauche : *Le Lautaret, fort St. Vincent/31 juillet 72*
Achat du musée en juin 2004
N° 2004. 2. 54.

À Seyne, 31 juillet 72
Aquarelle sur papier, 11,2 x 18,7 cm
Signée en bas à droite : *Paul Martin*
Située et datée en bas à gauche :
À Seyne/31 juillet 72
Achat du musée en juin 2004
N° 2004. 2. 55.

fig. 120
À Seyne, 31 juillet 72
Aquarelle sur papier, 18,8 x 11,3 cm
Monogrammée en bas à droite : *P. M.*
Située et datée en bas à gauche :
À Seyne/31 juillet 72
Achat du musée en juin 2004
N° 2004. 2. 56.

Cet ouvrage a été publié à l'occasion de l'exposition *L'œuvre des Martin* au musée Gassendi de Digne-les-bains du 29 mai 2005 au 24 décembre 2005.

Commissariat général :
Nadine Gomez-Passamar

Commissariat de l'exposition :
Christelle Nicolas

Régie des œuvres :
Josiane Richaud

Administration, secrétariat, relectures :
Catherine Labastire

Iconographie :
Christelle Mayenc

Communication :
Jean-Denis Frater

Muséographie :
Jean-Paul Désideri, Roger Zérubia

Alpes de Haute Provence
CONSEIL GÉNÉRAL

INTERREG IIIA ALCOTRA

Région
Provence-Alpes-Côte d'Azur

Dans le cadre de cet ouvrage il nous est agréable de remercier ici tous ceux qui ont contribué d'une façon ou d'une autre à la réalisation de cette manifestation.

Exposition et catalogue ont bénéficié du prêt de nombreuses œuvres et nous tenons à remercier les musées et leurs responsables :

Aix-en-Provence
Monsieur D. Coutagne, conservateur musée Granet,
Monsieur B. Terlay, adjoint du musée Granet
Arles
Madame D. Serena, directeur, muséon Arlaten, musée départemental d'ethnographie.
Carcassonne
Madame M.-N. Maynard, conservateur
Cassis
Monsieur Robert Ode, conservateur du musée municipal méditerranéen
Dijon
Madame Jugié, conservateur du musée des Beaux-Arts
Forcalquier
Monsieur C. Castaner, Maire
Gap
Madame F. Verlinden, conservateur
Grasse
Madame Marie-Christine Grasse, conservateur du musée d'Art et d'Histoire de Provence de Grasse
Marseille
Madame Marie-Paule Vial, conservateur du musée des Beaux-Arts et Madame N. Lopez assistante
Marseille
Monsieur N. Cendo, conservateur, musée Cantini
Marseille
Monsieur J. Sabatier, directeur,
Madame C. Cordina, conservateur,
Régie Culturelle Régionale
Martigues
Madame B. Cordina et Monsieur G. Fabre, assistants au musée Ziem
Moustiers-Sainte-Marie
Madame B. de Resseguier, responsable du Musée de la Faïence
Pau
Monsieur G. Ambroise, conservateur du musée des Beaux-Arts
Salon-de-Provence
Monsieur J.-L. Riccioli, conservateur du musée de Salon et de La Crau
Sisteron
M. D. Spagnou, Maire,
Madame N. Peloux, adjointe à la Culture
Toulon
M. F.-X. Amprimoz, conservateur en chef,
Mme B. Gaillard, conservateur, musée d'art.

Les particuliers :
Monsieur Bruno Cazalet
Madame Albert Chabot
Monsieur Jean Chairat
Monsieur Georges Chancel
Monsieur Jean-Pierre Estellon
Monsieur Pascal Favre
Monsieur Claude Fichot
Monsieur et Madame Garbit
Monsieur et Madame Gleize
Monsieur Thomas James Malcom
Monsieur et Madame Jean-Paul Martin
Monsieur et Madame Robert Martin
Monsieur et Madame F. Pourrière
Mesdames Françoise et Marie-José Rougier
Monsieur et Madame Roumieu / Villiard
Monsieur et Madame Karine Silvano
Mesdames Tartanson
Galerie Marina, Cassis
Galerie Marc Stammegna, Marseille
Et toutes les personnes qui ont voulu garder l'anonymat.

Les recherches documentaires ont été effectuées par :
Nadine Gomez-Passamar, Brigitte Gaillard, Josiane Richaud, Jean-Roger Soubiran et facilitées par Madame Jacqueline Urch, conservateur des archives départementales des Alpes de Haute-Provence, et Monsieur Guy Reymond, responsable des archives municipales de Digne.

Relecture : Christopher Bowyer-Jones, Catherine Labastire, Nadine Gomez-Passamar.

Ce projet n'aurait pu voir le jour sans le soutien :
de l'Europe, programme Interreg Alcotra du ministère de la Culture, Direction régionale des Affaires culturelles : Monsieur J.-L. Bredel, directeur du Conseil Régional Provence-Alpes-Côte d'Azur : Monsieur M. Vauzelle, président du Conseil général des Alpes de Haute-Provence : Monsieur J.-L. Bianco, président et de la Ville de Digne-les-bains : Monsieur S. Gloaguen, maire.

Au sein de ces institutions nous tenons à remercier particulièrement :
Madame Françoise Beck, Conseiller pour les Musées à la Direction régionale des Affaires culturelles de Provence-Alpes-Côte d'Azur ; Madame Claude Bouliou, directeur du service Culture du Conseil général des Alpes de Haute-Provence.

121. Étienne Martin
Le boulevard Gassendi, à Digne
Don de l'artiste en 1904
Musée Gassendi, Digne

CRÉDITS PHOTOGRAPHIQUES

Musée Granet, Aix-en-Provence (Bernard Terlay)
Museon Arlaten, Arles, Musée départemental d'Ethnographie (J.-L. Mabit, B. Delgado)
Frédéric Aubert
Musée de Carcassonne
Musée des Beaux-Arts de Dijon (François Jay)
Musée de Gap
Joseph Marando
Musée Cantini, Marseille (J. Bernard)
Musée des Beaux-Arts, Marseille
Musée Ziem, Martigues
Musée d'Orsay, Paris, © Réunion des musées nationaux, Paris
Musée de Pau
Bernard Plossu
Régie culturelle régionale Provence-Alpes-Côte d'Azur (Robert Terzian)
Musée d'art, Toulon
Service photographique de la Ville de Toulon

FAGE ÉDITIONS
Philippe Grand, Gilles Fage
fage.editions@free.fr

CONCEPTION GRAPHIQUE
835, GRAFISTOU

PHOTOGRAVURE
Pink Process

IMPRESSION
Alpha, Peaugres

FAÇONNAGE
Alain, Félines

Achevé d'imprimer en mai 2005
Dépôt légal mai 2005
ISBN 2 84975 047 6